人力资源管理实战全解

Practical solution of human resource management

陈瑞强 | 主编

化学工业出版社
·北京·

内 容 简 介

为了帮助已从事或即将从事人力资源管理的广大读者能够更好、更快地了解和学习人力资源管理，本书从战略型人力资源管理、组织管理、招聘管理与实施、企业培训中心、薪酬福利体系、绩效管理、员工关系管理体系七个方面入手，细致地讲解了人力资源管理的工作流程，并对易错问题点的操作细节和注意事项做重点介绍，为人力资源管理从业者提供实际参考案例及详细解答，带领读者逐步形成人力资源管理的工作思路。

本书作者以严谨的态度和通俗的写作风格将自己近20年的企业管理及教学经验整理成书。本书适合人力资源管理入门者和中小企业管理者学习使用。

图书在版编目（CIP）数据

人力资源管理实战全解／陈瑞强主编. —北京：化学工业出版社，2021.11（2024.1重印）
ISBN 978-7-122-39679-2

Ⅰ.①人… Ⅱ.①陈… Ⅲ.①企业管理-人力资源管理 Ⅳ.①F272.92

中国版本图书馆CIP数据核字（2021）第157077号

责任编辑：吕梦瑶　　文字编辑：刘　璐
责任校对：刘　颖　　装帧设计：韩　飞

出版发行：化学工业出版社（北京市东城区青年湖南街13号　邮政编码100011）
印　　装：北京科印技术咨询服务有限公司数码印刷分部
710mm×1000mm　1/16　印张16　字数208千字　2024年1月北京第1版第2次印刷

购书咨询：010-64518888　　售后服务：010-64518899
网　　址：http://www.cip.com.cn
凡购买本书，如有缺损质量问题，本社销售中心负责调换。

定　　价：78.00元

前言

对企业而言，人力资源究竟有没有价值？

华为总裁任正非这样认为，世界上的资源会枯竭，只有文化生生不息，对企业而言，任何产品都是由人的智慧创造的，人力资源是企业真正的潜在价值，是企业发展的第一资源。

然而，持反对意见的也大有人在。事实上，自从现代管理学之父彼得·德鲁克提出人力资源概念以来，学术界以及企业界对人力资源持有“偏见”的人就不在少数，几乎每隔几年便会出现诸如此类的声音：人力资源管理只是概念，人力资源部门并不能真正创造价值……

这些声音都在质疑人力资源管理究竟能不能为企业创造价值，能不能助力企业战略目标的实现。在我看来，原因在于质疑的人没有用发展的眼光看待人力资源管理。以我国为例，我国经济早已进入新常态阶段，在对人力资源提出新的要求的同时，对人力资源管理部门和相关从业人员也有了更高的要求，原本传统的人力资源管理已经无法适应新常态的需求，甚至对企业的发展造成阻碍。比如，互联网经济对传统商业模式的冲击，“用户体验”“人才自治”等思潮的出现，都给传统人力资源管理带来巨大的挑战。

当前我国企业至少面临着这几个方面的挑战：人才的调整、(逆)全球化的挑战、技术的挑战、变革的挑战、增长的挑战、持续发展的挑战。为此，我国政府也在相关经济会议上强调人力资源发展的重要性，人力资源管理迈向了新阶段。学术界、企业界也在研究、实践，并提出新的观点，比如“人力资源要成为企业发展的战略伙伴”。更为重要的是，放眼全球，无论是跨国大企业，还是中小企业，都越来越重视人力资源管理，并从中受益。

一言以蔽之，人力资源是企业最重要的资源。在当今全球化与互联网时代，企业想要在竞争中立于不败之地并实现可持续发展，离不开科学、高效的人力资源管理。

人力资源管理是一门新兴的，涉及组织行为学、数学、经济学、管理心理学和运筹学的交叉学科。我出生的时代，刚好是我国人力资源管理与国际接轨的时代，我成长的时代则是我国人力资源管理蓬勃发展的时代。不过，我未曾想过会与人力资源管理结缘。

说来也巧，2001 年大学毕业后，我顺利进入世界500强企业，从事人力资源管理工作，此后我便未离开过这个岗位，从人力资源管理最基础的工作做起，一步步做到集团人力资源负责人、上市企业分管人力资源的高管。

时至今日，我从事人力资源管理工作已逾二十载。在七千多个日夜里，我参与过不少人力资源项目，负责过集团化组织整合、人力资源优化等大型项目工作，主讲过多门人力资源课程，也在一些大型论坛上做过演讲与交流。

在人力资源管理工作中，我经常被问及人力资源管理的相关知识，平时也时常思考人力资源管理工作的困境与解决办法。时间愈久，积累愈多，在工作之余，我将自己从事人力资源管理的经验和心得记录下来，久而久之，便有了本书的付梓。

本书共分七章，详细介绍了人力资源管理的基本原理以及技术方法，分别是战略型人力资源管理、组织管理、招聘管理与实施、企业培训中心、薪酬福利体系、绩效管理和员工关系管理体系，书中还涉及诸多人力资源管理工作中可以使用的工具，为读者提供一个实战指南。

本书主要由我和我的同事合力完成。协助完成的同事如下：郑勇发负责第一章，解宝树和孙建龙负责第二章，李昕负责第三章，姚雪负责第四章，赵鑫负责第五章，杜雪负责第六章，刘婧负责第七章。

本书围绕人力资源展开论述，采用“理论＋实战案例”的方式，语言通俗易懂，模板齐全，突出实战性、可操作性，便于读者学习。希望本书能够对读者朋友了解人力资源管理有所助益，对企业人力资源管理者有所启发，对我国人力资源管理的实践贡献微薄力量。

由于本人学识有限，书中可能有部分观点和问题值得进一步商榷和探讨，请各位专家和读者给予批评指正。

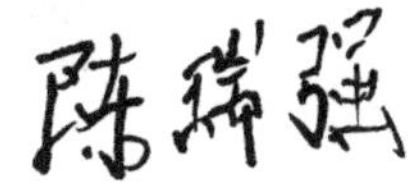

2021 年 3 月于天津

目 录

第一章　战略型人力资源管理

众所周知，企业是从事商品生产和交换的经济组织，它以盈利为目的，通常通过经营活动来谋求利润。对企业而言，其所有的活动都是为企业的经济利益和社会公益服务，所有的关键活动都应毫无疑问地围绕企业经营战略展开，而人力资源战略则是企业经营战略的重要组成部分。

不过，人力资源战略虽然是企业经营战略的重要组成部分，但是有的企业却没有给予足够的重视，经常出现人力资源战略节奏比业务部门的节奏慢半拍的情况，有时候甚至成了业务部门的附庸。甚至可以这样说，很多企业的人力资源战略往往一味屈从于业务部门战略，比较被动。

实际上，好的人力资源战略对企业战略有着莫大的帮助，它应当比业务部门的战略“快半拍”。打个比喻，企业战略如同打一场战役，而人力资源则如同后勤主管，正所谓“兵马未动，粮草先行”，没有足够的粮草储备，战役将难以取得胜利。当然，要制定出完美的人力资源的战略性规划，首要前提是必须对企业战略有入木三分的认识与了解。这点对一家企业的人力资源总监（CHO）来说挑战非常大。对人力资源总监来说，如果对企业战略懵懵懂懂，那么就算企业拥有完美的人力资源管理体系也无法发挥其应有的作用。

第一节　如何理解企业的战略

要想准确把握人力资源战略，首先得理解企业战略。那么，企业战略是什么。自企业诞生之日起，相关战略学说就纷至沓来，学术界关于企业战略的概念也是众说纷纭，莫衷一是。比如安德鲁斯在《公司战略概念》中给企业战略下了定义，他认为企业战略是把企业内部的优势、劣势和企业外部的机会、挑战相协调，并提出了著名的SWOT模型。

而"竞争战略之父"迈克尔·波特[1]则认为战略是企业为之奋斗的一些终点与企业为达到它们而寻求的途径的结合物。

迈克尔·波特是提出企业战略传统定义的典型代表，他的这个定义为广大学术界、企业界所接受。因此，本书采纳迈克尔·波特关于企业战略的定义及类型。

对于企业战略的类型，迈克尔·波特提出了三种战略选择，其特点如表1-1所示。

① 成本领先型战略：该战略的重心放在成本优势上，企业想要在成本上占据优势地位，就必须花巨资构建规模化生产的管控体系，严格控制制造成本、直接成本、财务费用、管理费用、销售费用等，最大限度地减少成本支出，力求在成本上领先对手。

② 差异化创新战略：该战略注重提供差异化的产品或者服务。企业想要在该方面获得领先优势，毫无疑问必须将精力放在为客户打造别出心裁、独一无二的客户体验上。采取这种战略的企业，其所推出的产品通常是高价值的，其成本的投入也相对巨大，企业应当将有限的资源配置到差异化价值创造环节。

③ 集中化战略：顾名思义，该战略指的是企业的目标在于集中所有资源攻克某一客户群、某一市场区域、某一产品的细分型号等。企业要想获得集中化的优势，单纯靠以上某一种战略很难实现，往往要综合利用前两种战略方能实现企业战略。

---

[1] 迈克尔·波特，哈佛商学院的教授，他在世界管理思想界享有盛誉，被称为"活着的传奇"，是商业管理界公认的"竞争战略之父"。

表 1-1　三种战略选择与人力资源战略特点

三种战略选择	业务战略特点	人力资源战略特点
成本领先型战略	标准化流程 精益化管理 持续改善 财务核算和管控 规模化资本投资	工作流程明确 岗位职责清晰 重视一人多岗 绩效考核标准严格 精细化人工成本核算
差异化创新战略	产品策划与设计 基础研究能力强 营销能力出众 战略性试错	弹性化组织结构 创新型工作氛围 鼓励员工个性发展 项目化管理
集中化战略	综合以上两种业务战略特点	综合以上两种人力资源战略特点

以上三种企业战略无所谓好坏，适合企业自身的才是最佳的。但是，需要注意的是，企业不论采取哪种企业战略，人力资源战略必须与之相匹配，切勿墨守成规，也不可好高骛远，否则最终会给企业带来严重的损失。

案例分享："依样葫芦"式人力资源管理要不得

某企业原本是一家传统型医药制造企业，在"产业 + 互联网"的发展浪潮下，企业审时度势，积极拓展，发展迅速，形成了"医疗 + 互联网""制造 + 大数据"的行业布局。

不过，其企业经营的核心理念是精益管理，主要精力放在标准化、成本、毛利率上，而人力资源管理则将重心放在严格的组织界限、精细化的人工成本管理、清晰的岗位职责上。

如果说，该企业还和原来一样，只是一家传统型医药制造企业，那么这种管理模式毫无疑问是没有问题的，但是该企业已经向新业务领域拓展，且发展迅速，形成了"医疗 + 互联网""制造 + 大数据"的行业布局，而互联网行业的核心是客户的体验和产品的创新，要的是客户的月活跃数、日活跃数和交易量，这些显然不是内部的精益管理所能涵盖的。

对于企业的这种巨大变化，人力资源管理如果依旧墨守成规，依葫芦画瓢，不跟随业务、市场、时代的变化而变化，那么将严重阻碍企业的进一步发展壮大。

当然，企业战略类型的分类不只以上三种。现如今，随着企业的发展和学术界的深入研究，企业战略类型多如繁星，如 SWOT 矩阵组合战略、拓展型战略、稳定战略、收缩战略等。

但是，无论企业选择何种战略，人力资源战略都必须与之相适应，以确保企业战略的实施，助力企业的发展与腾飞。

第二节　运营型人力资源管理与战略型人力资源管理

人力资源管理一般可分为运营型人力资源管理和战略型人力资源管理两大类。它们都属于人力资源管理体系，但是两者有较大区别，运营型人力资源管理是战术性的、行政性的，往往重视的是短期目标的制定和实施，比如重点关注 1 年以内的人力资源管理工作；而战略型人力资源管理则是战略性的，主要提供方向指导和根本原则，更加注重企业人力资源管理的长期目标和人力资源管理的创新等内容，比如关注未来 3 ～ 5 年人力资源发展目标与企业战略的匹配性。具体表现在以下几个方面。

（1）招聘

运营型人力资源管理关心的是如何完成企业年度计划，具体来说就是企业有哪些岗位需要招聘，需要招聘多少人，偏重基层岗位和补岗性方面的人才；而战略型人力资源管理则看得比较长远，它关注的是企业未来的人才需求，比如未来 3 ～ 5 年，企业发展壮大后所需的高级人才，更加注重重要岗位的人才招聘，如领军型人才。

（2）员工培训

运营型人力资源管理的重点工作是常规性培训、新员工培训、岗位技能类培训等我们所熟悉的内容；而战略型人力资源管理则重点关注未来企业对高级人才的需求以及进行前瞻性的培训，比如高潜人才培训、管理干部培训、未来领军者培训、领导力培训，以便于使这些人才符合企业未来发展需求并为企业做出更大贡献。

（3）绩效管理

运营型人力资源管理关注的是常规性、日常性的短期指标等内容，比如制定大家所熟悉的月度、季度、年度考核指标，跟踪、分析这些指标，将其作为绩效管理的依据；而战略型人力资源管理则将重心放在长期指标、发展指标上，比如依照企业发展情况进行战略性评估，预判企业未来发展所需，提前做准备工作，如投资计划、产能规划、产品布局、人才培养等。

（4）激励机制

运营型人力资源管理显得较为传统与保守，它所关注的一般是短期激励，比如月度、季度、年度激励等；而战略型人力资源管理在激励机制上往往是长期激励，注重创新，激励内容也更加丰富，如股权激励机制、合伙人激励机制等。

第三节　如何将企业战略分解到人力资源战略

既然人力资源战略攸关企业发展，是企业战略不可忽视的重要组成部分，那么如何让人力资源战略发挥其应有作用，助力企业战略的实施，或者说如何将企业战略分解到人力资源战略？

核心要点是，人力资源整体战略要以企业战略共识作为理论指导，将重心放在商业驱动力（业务）、业务与人的一致性上，构建以人才盘点为核心的人才管理体系，夯实人力资源基础，最终实现战略和业务价值，完成企业经营目标，实现人力资源价值创造和价值提升，助力企业获得成功。从企业战略到人力资源战略落地的实战分享，如图 1–1 所示。

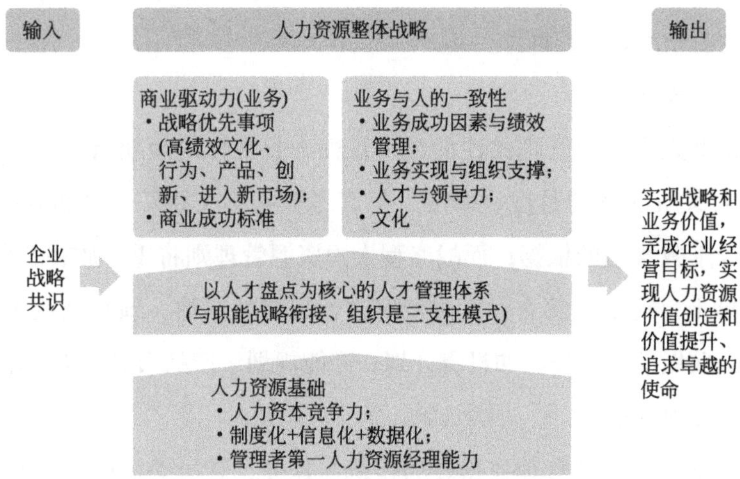

图 1–1 从企业战略到人力资源战略落地

具体而言，人力资源战略落地可以从人力资源基础、组织氛围和文化塑造、组织结构设计、人才盘点、人才招聘、绩效管理、激励机制、培训体系等方面来分解。

1. 人力资源基础

坚实的人力资源基础是企业实现战略落地的必备条件。“地基不牢，地动山摇”，没有稳固的人力资源基础，战略型人力资源管理体系这座高楼大厦将无从谈起。通常来讲，人力资源的基础包括三方面，即人力资本竞争力、人力资源“三化”（制度化、信息化、数据化）和管理者第一人力资源经理能力。

其中，人力资本竞争力不仅包括企业的综合人工效能竞争力，还包括重点岗位的薪酬竞争力。综合人工效能竞争力是企业释放资源的基础，重点岗位的薪酬竞争力则是招聘优秀人才的前提。

人力资源"三化"是人力资源基础的重要组成部分，是为人力资源战略提供重要支撑的平台。制度化、信息化、数据化是大势所趋，一般而言，"三化"程度越高，越能提高效率，越有助于人力资源战略的实施。但是，"三化"要遵循实事求是的原则，要与企业本身的管理特点和管理阶段相适应，切不可盲目照搬优秀企业的管理制度，不能赶时尚、跟风。有些企业领导必谈高科技，花巨资引进 E-HR（电子人力资源管理）系统，结果由于系统与企业实际情况不匹配，导致抱怨四起，工作效率低下，无助于人力资源战略的实施。

管理者第一人力资源经理能力是人力资源基础的重要组成部分，对人力资源战略的实施起到莫大的作用。部门领导不仅是业务负责人，更是团队人力资源管理第一责任人，对部门的人力资源工作负有第一责任。业务部门一旦出现问题，人力资源部门领导就必须及时给予协助、指导、培训。简单地说，人力资源部门的领导是业务部门的合作伙伴和专业意见的提供者。在现实生活中，我们常常会碰到这样的事情：业务部门的领导对某个员工不满意，就去和人力资源部门领导说某员工我不用了，你们看着处理一下，让他（她）办理下离职。如果这个时候，人力资源部门的领导一味照办，那么人力资源战略将难以实施，遑论企业战略落地。

2. 组织氛围和文化塑造

企业和人一样，都有躯干和灵魂。我们都知道，如果人没有灵魂，躯干就是行尸走肉，而如果企业没有灵魂，那么企业不过就是机器或制造物的工具，将失去生命力。对企业来说，组织的工作氛围和文化是其魂魄，是企业持续发展的不竭动力。

一般而言，管理者往往将重心放在管理制度这种有形的事务上，而不太关注组织氛围和文化塑造，因为这两者基本上是看不到、摸不着的东西。不过，管理制度并非万能的，它所囊括的不过是企业的部分事务，而非全部。所以，组织氛围和文化塑造看似很虚，却很重要。

通常企业员工的日常表现就是一个企业氛围和文化的外在表现。因此，一个企业是否有活力，是否有灵魂，只要看它的员工状态就基本可以推断出来。对一个管理经验较为丰富的人来说，他只要通过一次会议或者一次聚餐，就能看出企业的团队究竟是积极向上还是懒散懈怠，企业氛围是压抑无趣还是活泼有活力。

而在组织氛围和文化塑造中，各个部门的负责人要负主要责任，因为员工接受其直接领导最为频繁，领导的所作所为将直接影响员工的行为。

3. 组织结构设计

对企业来说，组织结构极为重要，因为企业的经营和管理往往是围绕组织结构开展的，而组织结构又按照企业规模、经营项目、业务关系来定。单纯从人力资源管理的角度来说，组织结构可以排在第一位，因为如果一个企业的组织结构设置很不合理，那么该企业将会出现责权不清晰，工作一团糟的情况。

从某种程度上看，组织结构像军队打仗时的阵型。对将军来说，阵型是其行军打仗必须要考虑的重点，它是将军能否打胜仗的重要因素。也因为如此，古今中外，大部分兵书都会谈及排兵布阵，比如进攻阵型、佯攻阵型、防御阵型、撤退阵型等。这些阵型背后往往大有文章，阵型决定了组织协作效率和资源配置效率，以及重要作战目标的达成。

对企业来说，组织结构的作用也是如此。随着时代的发展，企业的组织结构形式越来越多，如职能型、矩阵式、事业部式、项目式、委员会式等。企业应当因时因地调整组织结构，以寻求最佳的组织结构。尤其要注意的是，最流行的组织结构不一定就是最好的，有些企业看到互联网大企业采用矩阵式组织结构、网状组织结构，于是不管是否符合实际就将原来的职能型组织结构换成矩阵式组织结构、网状组织结构。结果使企业上下一片混乱。对企业来说，没有最好的组织结构，只有最适合的组织结构。

4. 人才盘点

“21 世纪最重要的是什么？人才！”对企业来说更是如此，当今社会企业的竞争基本就是人才的竞争。企业战略要想得到实施，企业要想在没有硝烟的商业战场上获胜，就离不开人才。企业制定了企业战略，毫无疑问其中有一些关键业务目标要完成，这些关键业务目标完成的程度直接影响到企业战略能否实现，而这些关键目标的完成离不开人才。

商场如战场，我们权且将这些关键目标称为“战略高地”，企业想要攻克这些战略高地，毫无疑问要考虑的是调兵遣将、排兵布阵，而人才则是其考虑的重点。企业要选出“将领”，然后“将领”带领着众多“将士”向高地发起冲锋，并最终攻克。不过，很多企业在制定战略目标时，往往更加重视财务预算，确保企业战略与财务预算的一致性，而忽视企业战略与人的一致性。实际上，必须将人才盘点放到重要的位置上。

5. 人才招聘

既然企业的竞争是人才的竞争，企业战略的落地需要人才去完成，那么企业应当高度重视人才招聘。什么样的人才适合什么样的岗位，什么样的岗位匹配什么样的人才，要做到人尽其才。

然而，单纯以现有岗位来招聘人才是不够的，要保证企业战略的实施，人力资源战略就必须用前瞻性的眼光去招聘人才。

企业制定战略目标后，要着手组建团队、调配资源进行攻关。企业一般会先从企业现有的人力资源中抽调，但是未必能如愿。在这种时候，人力资源管理必须有所行动，坚持启动关键岗位的人才招聘，以满足企业未来战略的人才需求。

然而，令人遗憾的是，在现实中，有一大批企业并非如此。他们在制定战略后，习惯于从现有岗位中选择人才担任关键岗位。这些人才虽然可以胜任当前的岗位工作，但从长远来看，其经验和素质无法满足战略目标的需求。可是企业依旧重用他们，结果导致企业战略的夭折，不仅企业错失了商机，还损失惨重。

此外，企业要特别重视战略性招聘。企业应每年适当招聘大学生进行培养，以适应企业未来发展的需要。很多企业对此不屑一顾，他们固执地认为，大学生，尤其是刚毕业的大学生能力不足，职业素养不高，犯错率高，培养他们需耗费企业大量资源，即便培养出来，还要面临人才流失问题，对短期业绩反而造成不好的影响。由于种种原因，他们忽视了内部人才的长期储备和培养，而更倾向于从外部招聘优秀人才。

当然，随着企业的发展壮大，招兵买马，引进外部人才也正常。不过，引进外部高级人才固然重要，但外部人才再优秀，也可能有与企业文化、组织结构等不适应的情况。在现实中，“空降高管”的失败案例很多。空降高管失败后，企业又把目光放在企业内部，可是放眼看去，才发现企业已经有很多年没有“新鲜血液”输入，没有后备的人才梯队，没有自己培养的接班人，悔之晚矣。

因此，企业要有战略性眼光，一定要拿出一定的岗位给大学生，进行战略性培养，为企业培养合格、优秀的人才。

6. 绩效管理

企业战略要落地，需要一定的管理工具，而绩效管理是其核心管理工具。绩效管理对企业管理的改善和提升有重大促进作用，如传递压力、聚焦企业目标、科学决策、改善企业管理、公正评价、促进员工发展等。

一个企业的战略往往比较庞大，需要分解，而其中最为重要的两项工作是“工作分解”和“确定具体承接人”。

很多企业虽然也建立了绩效管理体制，但是将主要精力放在绩效考核上，只有考核内容，没有涉及整体绩效管理，结果导致绩效考核不理想，甚至流于形式。

其中问题的关键在于，企业管理者没有真正意识到绩效管理的重要性，没有摆正经营绩效指标与战略绩效指标的关系。对于企业来说，大多数人往往更加注重经营绩效指标而忽视战略绩效指标，因为前者关系到企业短期经营目标的达成，后者则较为长远。其实，这种“鼠目寸光”的想法是错误的，战略绩效指标关涉企业未来战略的达成，需要企业管理者慎重对待。一般而言，企业管理者可以对绩效指标进行分解，不同层次的绩效指标对应不同层次的企业管理人员。

此外，为了确保企业上下高度重视战略绩效指标，建议企业管理者在企业高级管理人员绩效考核中体现战略绩效，并将其作为重要考核项目。否则，企业上下各级管理人员可能会熟视无睹，造成企业“集体短视”，以致企业虽有清晰的战略，最终却无法落地。

7. 激励机制

企业战略目标的实现要依靠员工来完成，员工的工作能力、个人素质、工作完成情况等对企业来说至关重要，企业除了绩效考核之外，还应有激励机制。假如绩效管理是战略落地的“指挥棒”，那么激励机制就如同战略落地的“能量棒”。好的激励机制利于员工、干部实现自我价值，利于企业了解员工的真实想法，利于企业各级人员顺畅地沟通。简而言之，激励机制作为企业人力资源管理工作中重要的组成部分，应当发挥其应有的作用。

如何激发干部、员工的斗志，激励他们为企业战略目标的实现而奋勇拼搏，这不但考验企业领导的管理水平，而且体现了其管理能力。对于战略型人力资源管理来说，激励机制要注意“三高”（高级人员、高投入、高回报）。激励的对象主要是企业高级管理人员、重要岗位关键人才，这些人是企业战略的牵引人，是战略执行的火车头。这些人才攸关企业战略的成败，因此在激励机制上必须高投入，除了编制预算、薪酬预算之外，还可适当考虑股权等长期激励手段，激发他们的战斗力，确保战略目标达成，使企业收到高额回报。

8. 培训体系

培训是战略落地的加速器。企业战略要落地就必须有精兵强将。然而，现实中很少有那种招之即来、来之能战、战之必胜的精锐队伍，因此培训就显得尤为重要。

企业战略往往聚焦的是未来，而员工由于信息不对称等问题并不能立刻领会企业的战略意图。这个时候需要企业将战略蓝图勾勒、描述清楚，然后根据需求对员工进行培训，使员工具备较宽的战略视野，利于其往战略目标实现的道路上前进。对于组织结构复杂、协同需求度较高的企业来说，培训的重点应当放在“战略理解和分解工具的标准化、管理思想统一和领导力提升”上，使企业上下统一思想、统一语言、统一行动，确保战略落地。

现如今，世界经济全球化进入深度调整时期，而我国经济进入新常态，转型升级、高质量发展是大势所趋，竞争会越来越激烈，企业如何生存并发展成了一道难题。要想在商业的红海中厮杀出来并获胜，企业战略显得尤为重要。当然，时代变化很快，市场变化很快，客户迭代速度也很快，因此企业应当根据大局的变化适当调整企业战略，进而调整人力资源战略，通过“人的确定性”去迎接、适应“环境的不确定性”，最终探索出一条道路。

值得一提的是：在现实中，运营型人力资源管理与战略型人力资源管理工作没有严格界限，无须清晰地分工。

第二章 组织管理

“现代管理学之父”彼得·德鲁克提出：“我们无法左右变革，我们只能走在变革的前面。”世界上唯一不变的就是变化。企业要想在新的市场、新的商业环境中存活下来，并转型升级，就离不开主动变革。“无变革，不生存”已然成为当今企业界的共识。而要变革，除了理念的指引外，离不开引领企业变革的执行者——OD（Organization Development）团队。

现如今，世界经济进入新阶段，中国经济也进入新常态，技术革命和产业革命方兴未艾，竞争异常激烈，企业变革的周期越来越短，更多的企业开始设置OD职位，并且希望OD职位在组织变革中充分发挥其价值。那么，OD如何执行好企业变革战略，提升组织效能，助力企业变革成功呢？本章将以集团组织发展为例进行叙述，以便于读者能更好地理解OD。

第一节 组织发展：我们要做的工作

一、OD的定义

学界认为，组织发展是一种有计划的组织变革的整合性途径，具体来讲就是将行为科学知识广泛运用在根据计划发展、改进和加强有助于组织有效性的战略、结构和过程上，借助组织进行有计划的干预。如通过设计、定义、对标、诊断、分析、组织变革、组织学习等，来加强组织结构、进程、战略、人员和文化间的一致性，优化组织结构，提升组织的竞争力，持续不断地创造组织绩效，提升组织效率，激活和提高组织活力。

二、OD 的四大工作内容

组织发展是组织生存的本质形态，组织行为的运行好比逆水行舟不进则退，组织发展攸关企业变革。那么，组织发展该如何入手呢？首先要明确组织发展的工作内容。一般而言，组织发展包含以下四个方面。

1. 组织管理

顾名思义，组织管理就是对组织进行管理。我们都知道，组织是成员分工明确，在统一思想下为完成共同目标而进行持续性工作的体系；组织管理则是对组织内部成员的协调与控制，主要是解决分工和协作的关系，处理组织效率和专业之间的矛盾。在企业战略、企业和部门使命、价值定位都明确的情况下，组织管理的首要工作是紧抓主要矛盾、解决主要问题，包括人效管理、组织诊断、工作说明书管理、组织结构管理、编制管理。

2. 干部管理

人力资源是企业的战略资源，但企业真正的战略性资源是干部。干部管理是人力资源管理的核心工作之一。干部管理的主要工作任务是秉持“人才管理指导思想”与“人才发展目标”的理念，构建人才管理体系，包括用人观、干部能力建设、干部选拔与任用调配、干部分层管理等，进而全面支撑和持续推动集团战略目标达成。

3. 人才盘点

人才盘点就是企业对人才资源的摸底与掌握，借用一定的手段，对企业人员的学历水平、能力大小、工作意愿、工作潜力等进行全方位的考察、识别，准确掌握组织的人力资源现状；寻找现有人力资源与企业未来发展需求之间的差距，这样既有利于企业对未来的人力资源进行更加高效的规划，又能够将企业里的潜在人才挖掘出来并重点培养，形成人才梯队，保证企业人员流动不断档。

4. 职位序列与非管理序列晋升

以 H 集团为例，所有岗位依据工作性质不同划分为管理序列和包括研发、生产、技术、专业和销售在内的五个非管理序列。同时依据责任和任职资格差异，建立了 H1 ～ H17 共 17 个职级。为打通员工职业发展通道，保留优秀人才，设计出了员工管理序列和非管理序列的双通道晋升体系。

三、组织管理的意义

组织体系是基于企业战略及经营目标，配置能够支撑战略和业务发展需要的组织结构体系。

通过持续进行组织效能分析，真正实现人员配置与人力效能的联动，提高经营竞争力，保障各项业务目标的实现。驱动战略的组织体系如图 2–1 所示。

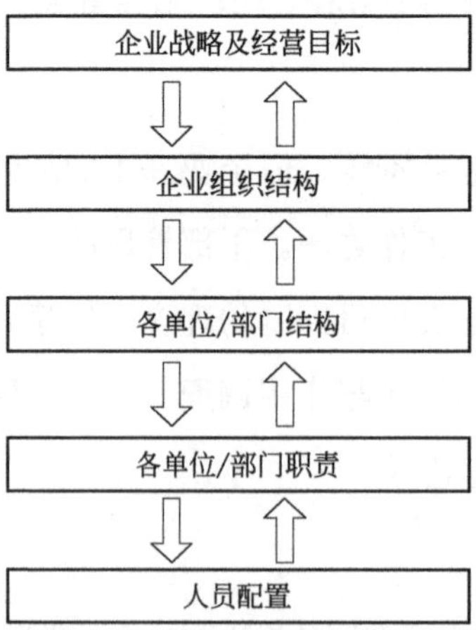

图 2–1　驱动战略的组织体系

第二节　组织管理：适合才是真的好

或许不少人会有疑问，既然组织管理对企业这么重要，那么，对企业来说，什么样的组织管理模式最好，或者说有没有一种最好的组织管理模式能适用于所有企业。

事实上，组织管理要因“企”而异。在不同的企业战略引导下，每家企业的组织管理都拥有自己的特色。我们应当抱着学习的心态，多去研究和借鉴其他企业组织管理的优点，同时更要清楚地认识到要与企业长期战略和短期战略相结合，建立起符合自己企业的组织管理模式，促进企业战略目标的达成。

简而言之，组织管理很难定义一个完美的、普世性的标准，也不能单从组织管理模式判断它的好与坏，适合自己的才是好的。

一、组织诊断

组织诊断是组织管理的基础工作。在组织管理工作中，不管是企业对现有组织进行变革升级，还是对收购企业的标的进行判断，都应当对现有的组织进行基础性的考察诊断，全方位、深入地掌握组织的现状，结合调研结果来制定管理决策和改善方案。以下以H集团为例进行说明。

H集团的组织诊断工作主要从以下16个维度进行。

① 组织体系建设：企业组织结构是否清晰、部门岗位设置是否合理，高层管理团队信息是否完整。

② 人力资源整体制度体系：是否具有完整的制度框架，制度是否健全并有效执行，管理档案是否完整、清晰。

③ 人力资源审批权限表：人力资源相关业务是否实行分级管理和审批，

各级管理人员是否有明确的分工和权限表单。

④ 人员编制管理：是否有明确、具体的编制管理方法和流程，是否能够有效执行，管理过程是否有痕迹。

⑤ 人员招聘程序：是否有完整的招聘管理制度，是否按制度有效执行，在职员工档案是否完整、清晰。

⑥ 员工培训体系：是否有完整的培训管理制度，是否能按制度有效执行，培训资料是否完整保存。

⑦ 绩效管理情况：有完整的绩效管理制度，并按制度有效执行，资料档案完整。

⑧ 人工预算管理：人力资源各项业务支出是否实施预算管理与科学管控，是否有清晰的管理要求和账务。

⑨ 保险、公积金缴纳情况：是否遵照国家及地方的保险、公积金政策实施，是否可以有效防范劳动法律风险和纠纷。

⑩ 薪酬审批程序：是否有完整的薪酬管理制度和相应的审批流程，管理手续与档案是否完整。

⑪ 年度调薪：年度薪酬调整政策与执行情况，企业员工对薪酬的整体预期。

⑫ 劳动合同签署情况：是否依据国家和地方人事政策来施行，是否使用规范的劳动合同模板，内部是否有清晰完整的管理措施。

⑬ 关键员工关系盘点：是否有完整的员工关系管理制度和风险防控机制，员工关系事件发生的情况及处理结果的档案是否完整保存。

⑭ 人员任免程序：是否有明确具体的人员任免程序，并通过公开透明的渠道发布、实施。

⑮ 人力资源基础数据体系：是否具有安全的数据存储设备与有效的管理方式，数据是否齐全，存储是否安全，调用是否方便。

⑯ 用章管理：是否有完整的印章管理制度，并按制度有效执行，管理是

否零风险。

接下来，我们以 H 集团收购一家医疗器械企业为例，说明如何对被收购企业进行组织诊断。

案例分享

2015 年，H 集团对拟被收购的医疗器械企业进行了人力资源调研，主要从 16 个维度进行，并对发现的问题进行风险等级评估，风险等级分为高、中、低 3 档（其中高风险 2 项，中风险 5 项，低风险 9 项），随后对风险等级为“高”和“中”的问题进行研究并提出相关对策，通过组织诊断，收购方全方位、深入地掌握了医疗器械企业的组织现状，形成对收购企业的判断，同时结合调研结果制定相应的管理决策和改善方案，如表 2–1 所示。

表 2–1　H 集团现状分析和改善方案

序号	调研维度	现状简述与问题点分析	问题风险等级	对策
1	组织体系建设	组织结构完整，高层管理团队符合要求，管理完善	低	无
2	人力资源整体制度体系	有基本框架、制度比较健全	低	无
3	人力资源审批权限表	各项审批分散在制度之中，尤其是对关键人员的管理，未系统提炼成人力资源管理表	高	针对集团需要管控的关键人员，形成人力资源审批权限表，其他审批建议在完善制度后形成审批权限表
4	人员编制管理	根据各部门工作情况确定人员，无具体编制管控方法	高	在规定时间内根据集团要求，形成各部门人员编制汇总表

续表

序号	调研维度	现状简述与问题点分析	问题风险等级	对策
5	人员招聘程序	有相关管理办法，无明显不足之处	低	无
6	员工培训体系	有年度培训计划，但基于员工成长与发展的内容较少，未来需要对接企业培训中心的内容较多	中	逐步对接企业培训中心建设机制
7	绩效管理情况	企业有相应的绩效管理制度，但在实际执行过程中，PDCA 各环节有较多缺陷	中	在规定时间内与高层管理人员签订绩效合同，确定绩效合同考核结果应用方向，逐步完善绩效管理体系
8	人工预算管理	目前人力预算报批粗放，虽按照财务要求上报，但缺乏科学管控手段	中	先导入方法，再根据集团要求统一实施
9	保险、公积金缴纳情况	保险、公积金覆盖率 98% 以上，但基数未按国家政策执行	中	根据企业发展情况和承担能力，逐步合规
10	薪酬审批程序	薪酬变动在人事变动申请表中体现，有薪酬管理制度	低	无
11	年度调薪	近三年未做年度调薪，员工对集团并购后的薪资有一定预期	中	设定年度调薪制度，根据企业发展情况，适时采取调薪
12	劳动合同签署情况	按照劳动合同模板签订，有劳动合同台账，台账信息较为详细	低	无
13	关键员工关系盘点	在访谈过程中，未提及关键员工关系事件	低	无
14	人员任免程序	无具体任免程序，通过内部邮件方式公布	低	无

续表

序号	调研维度	现状简述与问题点分析	问题风险等级	对策
15	人力资源基础数据体系	人员基础数据比较齐全，有简单的E-HR系统，但是仅作为数据存储的功能	低	无
16	用章管理	有印章管理制度，执行较好	低	无

二、组织结构管理

组织结构是企业的流程运作、部门设置和职能规划等工作最基本的机构依据。它体现的是授权和汇报关系、工作流程与环节、分工、业务流程与岗位职责等。组织结构管理是企业对组织结构的综合管理，目标是通过优化环节，流程再造，采用信息化、自动化等技术手段来尽量控制部门数量，消除冗余岗位。

一般而言，组织结构有以下四大管理原则。

① 依法设立原则：企业各级部门、各岗位的设置，需要严格遵守相关法律法规，遵循行业规范。

② 目标导向原则：企业各级部门、各岗位的设置，要将实现企业的战略任务和经营目标作为出发点和落脚点。

③ 精简高效原则：提倡构建扁平化的组织结构，各单位基于管理对象和管理内容的差异来考量，合理确定管理幅度和管理层次，保证组织结构精简，人员编制精干，办事程序简化。

④ 差异化原则：各单位因企业发展战略、业务发展阶段，以及组织变动的情形和原因的不同，需要实行差异化组织变动，如组织结构调整的具体办理时间和流程、组织模式选择等。

组织结构搭建应遵循的其他规定，比如年度组织结构调整，务必要符合集团战略的要求，一般在每年的第四季度启动。

管理层级要求为当企业到达一定规模时，往往会出现组织官僚化、效率低下等现象，为了避免出现上述现象，无论是矩阵组织还是职能化组织，都提倡建立扁平化的组织结构。具体操作方式如下：建议生产组织、质量组织、销售组织的管理层级最多不要超过四层；职能组织、科研组织的管理层级通常不超过三层；当部门内管理岗位的管理幅度经评估的确过大或者有培养储备干部的计划时，原则上允许增加一层管理层级。

各企业都会有管理幅度的要求，在制定各部门管理幅度时要根据本部门的实际情况客观评估后确定，要充分考虑管理者、下属员工双方的综合素质和能力、工作对象的复杂程度、计划的完善程度、地域分布等因素，从而确定一个合理的管理幅度。组织敏捷化和提高管理者能力将促使管理幅度扩大，组织效能提高。举个例子，假设企业组织干部的平均管理幅度小于四人，那么原则上就不能再增加干部人数。

此外，企业应当鼓励各部门进行组织模式创新，如阿米巴模式、项目制模式、合伙人模式等。企业的支持要付诸行动，在权限和资源上大力支持。

三、编制管理

编制管理是组织管理的重要组成部分。为什么它如此重要?

编制管理的核心是效能管理，是经营竞争力管理。企业通过管理和控制人员规模，达到提高人均贡献率，增强企业运营活力，提升人才竞争力的目的。企业要想在市场上具备更强的竞争力，提倡建立精简高效的团队，制定年度总编制，重点是通过编制体现效能。

编制管理的第一步是定编——确定编制。一般企业会在年底着手规划下一年度的编制，根据企业发展规划，对各个部门、岗位、工作、生产任务等进行梳理，确定下一年度的部门、岗位和编制情况。定编工作一般由人力资源部门会同业务部门完成。它们往往会以精简机构，节约用人，提高工作、生产效率为原则，考量每个部门的工作职能、任务需要，进行评估，科学合理地定编，最后报上级主管部门审定。

在具体编制上，不同业务类型对编制的关注点不同。比如创新业务通常重点关注企业人员配置和里程碑节点关系，而核心业务和成长业务通常更加看重人效变化。一旦企业有新业务或者业务出现变动需要定岗定编，企业首先要考虑的不是人员数量，而应是经营竞争力。因为通过增加人员数量来弥补员工能力不足，会降低企业经营竞争力，没有经营竞争力将使企业无法获得业务先机。所以，在定岗定编上，企业首要考虑的是寻找适合企业发展需要的优质人才。年度定岗定编通过人员编制审定表从不同维度进行分析审定，以此确定年度编制计划，表 2–2 和表 2–3 为 H 集团的人员编制审定表和人员编制制定表。

表 2–2　H 集团人员编制审定表

经营单元名称：

项目	2019 年	2020 年	增减变化量	原因说明
人员数量				
价值产出，如销售额、销量、产量				
人均产出				
利润（全价值链的经营单元需填报此行）				
人均利润（全价值链的经营单元需填报此行）				

备注：

1. 颜色填充部分为必须填写的内容；

2. 2019 年人员数量是指截止到 10 月 20 日，各单元在岗人数（含已发录用通知的人数）与截止到 10 月 20 日各单元已获得批准的招聘需求数之和。

表 2–3　H 集团人员编制制定表

部门名称：

级别	2019 年 10 月 20 日人数	2020 年计划人数	2020 年计划增 / 减编数量	2020 年计划增 / 减编岗位职级预估	增编人员预计到岗月份（选择下拉框）
总监级（H5 ~ H7）					
部长级（H8 ~ H10）					
主管级（H11 ~ H13）					
员工级（H14 ~ H17）					
合计					

备注：

1. 颜色填充部分为必须填写的内容；

2. 2019 年 10 月 20 日人数是指截止到 10 月 20 日，各单元在岗人数（含已发录用通知的人数）与截止到 10 月 20 日各单元已获得批准的招聘需求数之和。

年度编制确定后并非再也不改变，跟企业会随市场动态变化调整一样，年度编制计划也会受到各种因素的影响，需要调整。当企业外部经营环境变化、内部组织变革、战略目标调整、经营计划调整时，会对组织结构、人力效能产生影响；当对内部不胜任人员和冗余人员进行盘点筛查和处理，引进新的人员填补空缺时，都可能会影响编制。当变化产生，对编制的重新审定就成了必然之举。

综上所述，编制管理不是一成不变的，而应当是动态的、弹性的。

四、工作说明书

工作说明书是企业组织的重要文件之一，是指企业采用书面形式对组织中各个职位的工作性质、工作任务、岗位职责、权限等所做的统一要求。一般而言，工作说明书要遵循以下五个原则。

① 系统性原则：根据企业战略、发展的要求，全面考虑，进行分工，确保岗位既不留下空缺，也不会交叉重合。

② 岗位优先原则：要以企业发展和岗位的客观需求来确定岗位职责和岗位任职条件，而不能过多考虑现有岗位人员的实际状况。

③“二八”原则：工作说明书职责描述，只需标出主要的、一般的工作内容即可，不需要将部门或上岗人员所做的全部事情都列出来。

④ 简要明确原则：工作说明书的表述尽量简明扼要、言简意赅。

⑤ 与客观实际相结合原则：工作说明书要符合客观实际，在实践中不断完善。

工作说明书分为部门工作说明书和岗位工作说明书，具体内容如下。

部门工作说明书应包含以下但不限于以下内容：部门组织结构图、部门职责概述、部门职责详细说明、跨部门协作职责等内容。

岗位工作说明书应包含以下但不限于以下内容：岗位名称、所属部门、任职条件、直接上级、岗位职责和工作内容、关键绩效指标、管辖人数、职位序列、职级范围、工作关系、工作条件（即工作环境）等内容。

五、人效管理

人效，即人力资源效能。人效指标是企业非常关注的人力资源指标之一，是企业用来衡量人力资源价值与盈利能力的指标，也是企业追求经济效益中容易碰到的难点之一，更是企业人力资源管理的难点之一。

人效的提升意味着企业以更少的成本支出创造更多的绩效。人力资源是企业资源投入的重要组成部分，但也是变数巨大的部分。举个例子，企业花费1000万元购买一台设备，正常使用情况下，其产能是可评估，甚至是固定的。而人的效率相对是难以评估的，因为人具有主观能动性，工作效率受到方方面面的影响，甚至不同环境下，人的工作效率也是不同的。比如，在积极的环境中，整个企业的氛围积极向上，人都会比较放松，态度乐观，工作情绪较为高昂，工作效率比较高，工作质量也会比较稳定。但在消极的环境中，员工的心态较为悲观，情绪低落，工作效率往往会大打折扣，工作质量也会随之变动，企业的整体效率也会受到影响。也因为如此，企业对人效指标和人效分析越来越重视。

既然人效这么重要，有没有计算方式呢？毫无疑问，答案是肯定的。只是，人效的计算方式和业务类型密切相关，比如职能型业务，由于企业无法直接用经济数字衡量职能型业务，往往会采用人工成本占营业收入比的指标；销售型业务则不同，很多工作可以用经济数字来量化，因此通常采用人均销售额、人均利润指标来评估；生产型业务则通常以单位产品人工成本或人均产量指标来评估人效。

与此同时，我们也需要意识到，不同阶段的业务对人效的要求不同。比如成熟型业务，企业考虑的是如何投入更少的资源获取更多的收益，这时人效指标的提升是助力企业实现目标的有效手段之一。对于新兴业务或者发展型业务，企业的首要任务是整合最优的资源，重兵突击，取得突破。这时，企业就不能过于强调人效指标，而应重点关注员工的工作效率等，将重心放在如何集中优势兵力取得业务突破，评估该突破对企业带来的价值，并评估其价值是否足以弥补前期投入并获得经济利益。

评估人效是否合理，需要采用对比的方法。企业不单单要进行纵向的内部对比，如综合考评中月度、季度、年度和历史同期数据的对比，还要做横向的外部对比，寻找标杆企业。对比同口径数据步骤如下。

① 寻找差距：企业哪些业务 / 组织人效指标下降，哪些业务 / 组织人效指标提高幅度较大，哪些业务 / 组织人效指标与标杆企业差距较大。

② 分析原因：差距产生的原因往往是多方面的，企业要全面深入分析，如企业战略、制度政策、组织文化、业务阶段、组织结构、管理工具和方式、人员能力等。

③ 出台改善方案：找出差距并分析原因后，要提出改善方案，确定责任人和改善的时间节点。最好能够安排专人负责该项事务，督促、跟进落实情况，发现问题及时纠正，确保改善落到实处，提升人效。

④ 定期跟进与推广：改善方案推进后，要定期跟进，评估人效，确保措施是有效的。对于行之有效的做法，可以在全企业上下进行宣传、推广，更大程度地提升人效指标。

人效指标不是一成不变的，它总是受内外部、主客观等众多因素的影响，常常发生变化。建议人力资源管理从业者要常常关注内外部情况的变化，洞察先机，及时发现问题，提出预警，做出决策，将改善措施落实到位，确保提升企业整体经营效率。

第三节　干部管理：企业发展的重中之重

干部管理是企业人才管理的重中之重。但凡发展得好的规模企业，往往非常重视干部的管理，制定明确的干部管理制度。“为跑得快的、跑得好的、跑得美的人才让路。”H 集团的用人观朴实、精准，对干部的管理多措并举，让优秀的人才站上更广的平台，担任更高的职务，承担更大的责任，做出更大的业绩。

既然干部这么重要，该如何对干部进行管理。一般而言，可以从以下三个方面进行管理。

一、干部四项能力建设

企业内部的各级管理干部都担负着管理决策的制定、监督和执行等职责，他们是否能够对企业战略进行深入的理解和分解，是否具备带领团队不打折扣地将企业战略落实到位，是否能够充分发挥自身的专业技能服务于企业战略，是否具备跨团队协同作战的能力，是企业对干部评估的重要指标，更是对干部能力建设的重点。以下将进行简略说明。

1. 战略理解分解能力

强调的是对企业战略的认真学习和掌握，并能够分解到自己分管的领域，使自己的工作能牢牢聚焦在企业战略要求上，做正确的事情，避免无用功和南辕北辙。

评价尺度：一个管理者能否熟知企业战略，具备进行本领域工作战略分析和分解的能力，能够在纷繁复杂的局面中把握战略方向而不迷失。

2. 团队建设能力

是组建团队，明确团队使命和目标，统一团队思想，凝聚团队力量，完成任务的能力。

评价尺度：团队建设能力的高低决定了组织绩效的水平，一个团队能否成功，能否培养出人才，能否持续发展是团队建设能力的评价尺度。

3. 专业把控能力

是作为管理者专业权威的具体体现。专业把控能力是把事情做正确的能力，它和战略理解分解能力构成一个闭环结构，即做正确的事情和把事情做正确。专业把控能力的提升需要持续不断地学习，包括学习对标企业，并在实践中理解和灵活运用。

评价尺度：能否把握专业发展的趋势和脉搏，能否解决问题，能否做出科学的决策是专业把控能力的评价尺度。

4. 沟通协调能力

是一种资源整合的能力，是跨团队协作的能力，是一个管理者的影响力所在。沟通协调能力要求管理者要有海纳百川的胸怀，有团结一切可以团结的力量的能力。

评价尺度：能否化解矛盾、整合资源、解决问题、推动发展是沟通协调能力的评价尺度，而了解人的心智模式和行为动机并取得共识形成合力，是沟通协调能力的更高阶段。

沟通协调工作严禁违背原则或者越过红线，对管理者违反制度或者出现用人红牌情况的可以一票否决。

干部四项能力的建设要求为每一个管理人员指明持续学习和提升的方向；是对“搭班子”工作的管理者的能力要求和评价标准；四项能力的提升也将增强企业持续发展的核心竞争力。

二、干部分类管理

就像“世界上没有两片完全相同的树叶”一样，干部都有自己的特点，其成长环境、家庭背景、专业学习过程、工作方式、管理模式等都有所不同；甚至有些干部在岗位上工作许多年后，越来越不能胜任岗位。基于各种情况，企业有必要对干部进行分类管理，对干部的能力、性格、工作模式等进行考察，独立建档，根据企业的发展需求，对不同类型的干部进行“因材施教”。

那么，有没有一套行之有效的方法来对干部进行分类呢？答案无疑是肯定的。下面，我们从动机、行为、结果三个层面来对干部进行判断评价，并将干部分为四类。

1. 平稳发展类

特征：绩效达成、管理行为与动机尚未出现问题。

策略：企业要继续关注这类干部的业绩表现，利用企业现有的人力资源政策对其进行激励，给予培训机会。

2. 支持鼓励类

特征：绩效超额达成，或者承担集团战略任务、挑战指标，绩效达成或管理行为有一定偏差，但动机积极。

策略：给予引导式的支持鼓励，从政策的角度和组织设计的角度给此类干部一定的激励和驱动力，比如成立独立核算事业部，让他的权限更大，或让上级领导给他加大授权，再比如给予协同支持、资源支持。

3. 帮扶改进类

特征：绩效指标未达成，管理行为有一定偏差，但是工作动机积极。

策略：由其上级及人力资源部门给予帮扶，明确帮扶周期（半月度、月度）、导师、帮扶内容、帮扶方法（月度计划、参加会议式、谈心式、资源指导式等）、结果检验。

4. 红线管理类

特征：这类干部未能完成绩效指标，主观上也没有改进的想法，工作上没有有效的管理行为，工作动机也不够积极。

策略：对于这类干部，企业要重视起来，应当淘汰的要淘汰。

三、干部选拔与任用调配

企业战略能否真正落地，与干部有莫大的关系。干部选拔与任用调配得好，企业战略将能得到贯彻实施；干部用得不好，企业战略很可能虎头蛇尾，导致战略无法真正落地。

对于有能力、有业绩、有动力的人才，当出现干部岗位空缺、新增干部岗位、干部岗位职责增加，涉及管理职级发生变化时，他们将是组织用人的首选。以下对干部的选拔、任用、评估、退出做简要介绍。

1. 干部选拔

干部选拔的方式多种多样，集团干部选拔主要有以下几种方式。

（1）内部公开竞聘

在集团范围内进行，由集团领导、部门提出用人需求，由人力资源部门发布内部竞聘公告，企业员工可以视情况参加竞聘，择优任用。

（2）内部举荐

鼓励企业上下举荐贤能之士，有领导举荐、民主举荐等方式。可以由部门领导提出人才需求并直接推荐候选人，也可以是民主举荐，最终提交名单，不再发布相关内部招聘公告。

（3）外部招聘

部门领导提出岗位要求，人力资源部门根据业务部门需求发布招聘信息，从社会上招聘。

首次晋升至总监级（H5 ～ H7）的人员，必须具备外派（为支持集团内派驻单位工作，或执行集团对控股子企业、参股子企业的特定任务，由集团统一安排员工到派驻单位长期连续工作 6 个月及以上）工作经历或本业务跨地域管理经验（指承担管理责任并经常到外地工作）；晋升至中层级（H8 ～ H10）的人员，如具备外派经历，晋升考核时给予适当加分奖励。

2. 干部任用

干部首先就是要担当责任的，还要做到以下三点。

（1）设目标

依托战略共识、承接经营主题、横向协同一致、纵向分解一体。绩效目标的制定，应依托战略共识形成的战略主题，承接经营主题，根据部门职责，制定合理的绩效衡量指标及目标值，其中绩效目标值的制定要符合战略要求，与行业内标杆企业对标，最终形成绩效合同。绩效指标分解要注意横向一致性（协同单元之间的一致性）和纵向一致性（即不同层级之间的一致性）。

一名合格的干部要完成任务，要说到做到，要守正，不能触碰红线。

（2）控进度

完成绩效目标，牢记绩效红线。严格按照企业文化、战略共识和绩效目标开展年度经营工作，目标一经制定要说到做到。绩效管理是实现企业战略目标和企业发展价值的基础，严格考核和服从大局是干部任用的重要内容。

（3）严考核

严格执行考核，服从组织调配。考核过程中考核者严格把关，对各项指标完成情况准确把握，严谨地给出考核结果，确保被考核者考核得分真实准确；各相关数据审核部门要对各指标数据严格把关，确保数据的真实性和准确性；按照企业价值观和经营考核结果予以奖励和惩罚。各级干部要服从集团用人大局，做好团队建设和人才培养并输出人才，根据集团经营需要，落实好组织和人员调配工作。

3. 干部评估

每年年中对经理级及以上干部集中进行胜任力评估，主要采取个人述职、领导团队评价的方式进行；对于新入职的干部，在试用期转正前也需要进行述职评估，同时辅以360度测评和性格测评。

4. 干部退出

对于真正的人才，应给予选拔与任用的机会，而对于“贪腐、懒政、无能”的干部，也会亮起用人红牌，使他们成为帮扶改进类干部或红线管理类干部。对于这些干部，集团会给予六个月的改进期，改进期后仍不能胜任本岗位工作的，将予以调整岗位或者淘汰。

第四节　人才盘点：梯队建设助力永续经营

人才盘点是指企业对人力资源状况进行摸底调查，借助绩效管理和能力评估等手段，盘点企业人员的总体绩效情况、优势以及待完善提升的方面。简单地说，人才盘点是企业对组织结构和人才进行系统管理的一种流程。

人才盘点要以企业战略目标与业务策略为出发点，目标是塑造企业在某些方面的核心竞争力。企业要重视人才选择标准、关键岗位的继任计划、核心人才发展等重要事项，不仅要深入讨论，还要结合引进、培养、激励、淘汰等策略，通盘考虑，最终制订出科学合理的改善计划，确保人岗匹配，让正确的人到正确的岗位上做正确的事情。同时要确保组织拥有足够多的优秀干部，带领团队去奋勇拼搏，创造业绩，实现企业战略目标。

一、人才管理体系

人才盘点并非孤立存在，它和人才规划、人员招聘、绩效管理、人才选拔、人才库、人才培养等组成人才管理体系（图 2–2），与标准体系、评价体系、盘点体系、继任计划、发展计划、培养体系的建立息息相关。以下，我们将重点介绍人才盘点体系和流程。

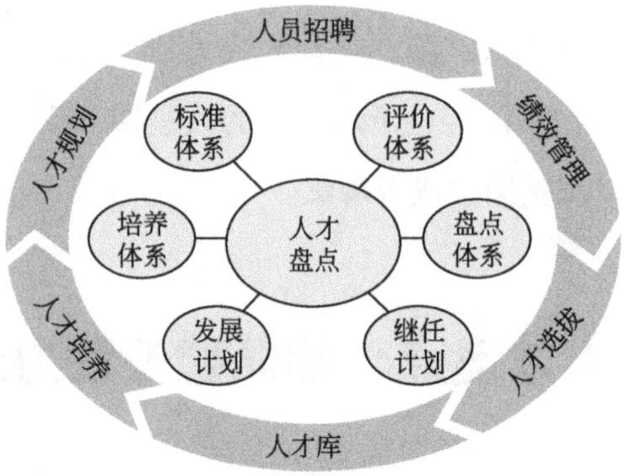

图 2-2　人才管理体系

二、人才盘点两个相关词

梯队人才库：一般针对特定关键岗位，将继任者盘点的结果纳入人才库。其人才识别的关键是将继任候选人与特定岗位职务进行模拟对比，综合考量候选人的实际情况，最终将候选人分为立即继任、未来 1 ～ 2 年继任、未来 2 ～ 3 年继任三个等级。

潜力人才池：这个人才池并不针对某个特定岗位，而是面对大多数岗位。企业主要从能力、投入度、进取心三个方面对候选人进行考量，如候选人具备提升一个等级的能力，可以认定为潜力人才，而若候选人具备提升两个等级的能力，那就是高级潜力人才。

三、人才盘点体系

人才盘点体系通常分为两大环节，即业务研讨环节与组织 / 人才盘点环节。这两个环节的关系是密切相连、不可割裂的，每次人才盘点基本上都是循环往复的。

1. 业务研讨环节

该环节主要有两方面内容：业务目标研讨与业务策略研讨。企业通过业务目标研讨，明确企业业务的发展目标，以此作为人才规划的指引。明确业务目标之后，接下来便是实操层面的操作，要对如何实现业务目标的业务策略进行深入研讨，最终确定组织的关键成功因素和成功标准。简单地说，业务研讨环节的目的在于明确企业的发展方向以及要达到的目标，研讨出完成业务目标的业务策略，这也是组织 / 人才盘点准确性的重要环节。

2. 组织 / 人才盘点环节

组织 / 人才盘点环节是人才盘点体系的重要输出环节，主要包含以下五个方面内容。

（1）组织策略研讨

企业细究组织结构、管理层级、部门职能等方面，找出存在的主要问题，并研讨出改善的方向。

（2）组织关键能力研讨

明确影响组织发展、组织关键能力的因素，明确关键岗位能力要求。

（3）人才标准研讨

企业要建立角色任务模型，应当包含角色描述、能力要求、经验要求三方面内容，确定目标岗位理想的人才标准。

（4）人才盘点

通过对企业员工业绩能力、工作能力等方面的摸底，找出优秀、有潜力的人才，尤其是关键岗位上的优秀人才，将其列入梯队人才库和潜力人才池。与此同时，将那些潜力不足、工作能力不佳的员工也要甄别出来。

（5）行动改善

对盘点出来的员工分别进行安排，优秀人才要有政策支持，实施人才晋升计划和人才培养计划；对于有潜力的人才，企业要有人才保留计划，想办法留住这批人才；对于那些业绩不佳、能力不足且工作不积极的人员要进行淘换。若盘点后，关键岗位尚有空缺，则要制订人才引进计划。

一般情况下，人才盘点每年一次，且每次盘点都要将上述流程走完。不过，并不是每次都要对上述几项流程同等对待，而应视企业的实际情况而定，侧重点要有所不同。比如说，成熟型业务由于其组织模式、经营模式等相对稳定，人才盘点要更加重视人效的提升，重点放在行动改善流程上；而对于变革型业务，由于它受内外部环境影响较大，变化会比较频繁，因此人才盘点要以组织盘点为主，重点关注关键岗位的能力要求。

简而言之，人才盘点要依据企业的需求而变动。

人才盘点全流程的实施绝非是企业某个模块所能单独完成的，它需要人力资源各个模块的相互配合，形成合力，落实人才盘点，输出成果，助力业务目标的达成。人才盘点体系与人力资源各个模块的关联，如图 2-3 所示。

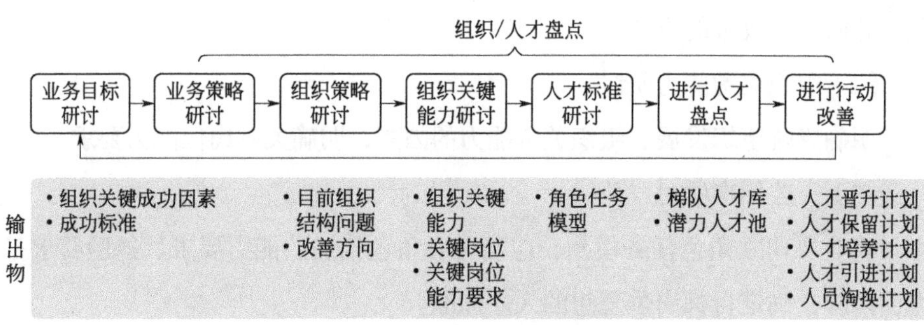

图 2-3 人才盘点体系与人力资源各个模块的关联

四、人才盘点实施介绍

上文对人才盘点的理论、流程进行了简略的介绍，接下来将重点介绍人才盘点实施过程中所要使用的工具和方法，以便读者全面、深入地了解人才盘点的内容。

1. 人才盘点方法

（1）组织关键能力研讨

在导入业务目标和业务策略后，可以通过下面三大问题来明确关键岗位与关键岗位能力要求。

① 集团的业务目标和业务策略是什么?

② 实现该目标面临的挑战是什么?

③ 需要什么类型的人才?

（2）建立角色任务模型

角色任务模型中有岗位角色，指所要担任的岗位职能；典型工作任务，指和岗位角色相对应的详细具体的工作内容；能力要求，指具备岗位所需的能力（显性和隐性能力）；关键经验，指具备岗位所需的过往经验。角色任务模型和某岗位角色模型分别如图 2–4 和图 2–5 所示。

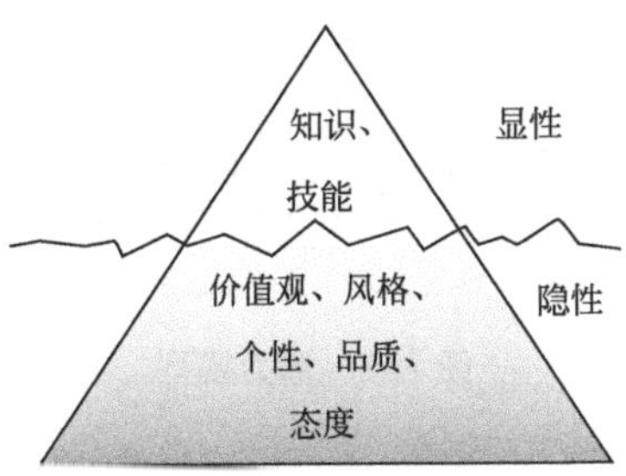

图 2–4　角色任务模型

（3）建立潜力人才池

从能力、进取心、投入度三方面来评估，那些拥有能力、工作投入度强，有强烈晋升意愿且获得成功的员工通常是潜力人才。其中能力指的是员工胜任日常工作所需的能力，包含先天的禀赋与后天的学习能力。进取心指的是员工内心渴望晋升、获得成功的程度，如在企业里获得认可与名誉、升职加薪等。投入度指的是员工对工作的投入程度，如重视企业的程度、有留在企业的强烈意愿、对企业满意和信任的程度等。潜力模型如图 2–6 所示，各项评价标准详见表 2–4。

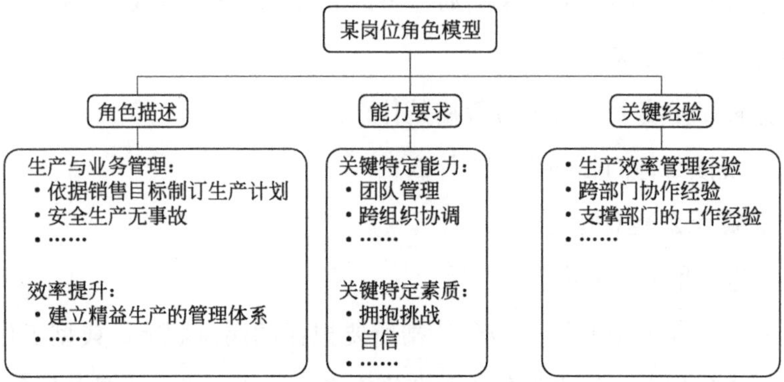

图 2–5　某岗位角色模型

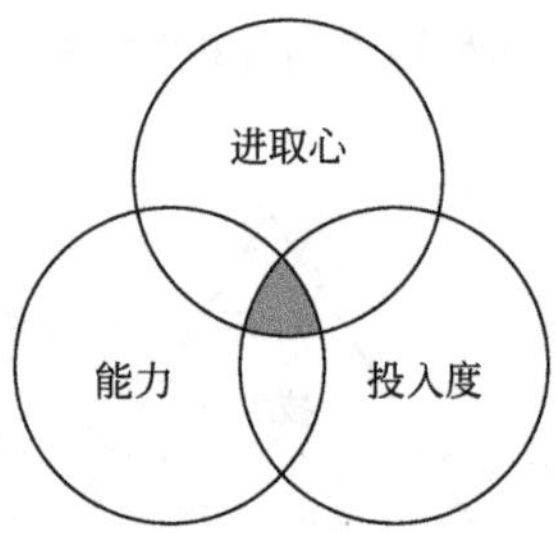

图 2–6　潜力模型

表 2–4　潜力人才评价标准

潜力维度	评价标准
积极进取	主动寻求挑战性目标，并采取具体行动保证实现
	付出极大的努力克服困难和障碍，争取获取更大成功
	为了挑战性的目标，敢于冒险并承担可能带来的风险
	启发团队愿景，带领组织成功

续表

潜力维度		评价标准
奉献投入		展现出对组织的忠诚、归属感，展现出长期为组织效力的决心和意愿
		在组织中显现出强烈的责任感
		在长时间、高强度的工作中精神饱满
		有效执行较高要求的工作，在长时间的工作中保持较高的工作效率
能力	学习敏锐	对事物保持好奇心，能够敏感地发现学习机会，并愿意为之做出必要付出
		在看待问题或具体事物时，能够有意识地分析、理解背后的原理或关联
		有自己有效的学习方式，并能快速掌握相关学习内容（学习速度快）
		能够有意识地将学习的内容与工作关联起来，并迅速投入使用
	理解他人	能够通过肢体语言、面部表情和说话语气等体会他人的情绪
		识别对方的情绪状态，能够听懂对方的谈话内容并准确判断心理状态
		能够领会对方言外之意或含混不清的想法和情绪
		对他人行为产生的原因有深入的了解，并积极回应
	人际敏感	认识到良好的人际关系对于工作或生活的重要性，并愿意为之付出努力
		能够快速识别出组织或交往中关键的人员，并与之保持良好的关系
		通过设身处地为他人着想、尊重与欣赏他人等积极方式，赢得信任
		通过发起并积极参与聚会等社交活动，建立或保持广泛的社会关系

续表

潜力维度		评价标准
能力	情绪意识与控制	在工作或与人交往中，能够意识到自己的情绪变化及其对自己的行为或工作产生的影响
		当知觉到不恰当的情绪冲动或强烈的情绪反应时，能够控制自己
		在与他人沟通交流或遇到令人发怒、沮丧等情况时，能够镇静地继续进行下去
		在持续的压力下，能够有效管理自己的情绪和压力，能够做出建设性的行为表现
	协作共赢	通过多种方式建立广泛有效的人际网络
		在协作时能够设计共赢的框架与方案
		根据协作需要，采用有效的沟通策略，达成协作
		在合作过程中，能够做出必要的让步或妥协，促成长远合作

2. 人才类型

金无足赤，人无完人，每个个体都有自己的特别之处，就算是同一个人，他在不同组织中的综合表现，也会随着内外部环境的变化、人际关系的复杂程度、工作经验的多少等而有所不同。

对企业来说，挖掘和培养潜力人才要耗费企业较多的时间成本和较高的经济成本。这也就需要企业认真对待潜力人才，尤其要集中资源确保精准选拔潜力人才。对于那些能胜任当前岗位要求、业绩突出但成功入选潜力人才池可能性较低的员工，建议采取保留策略，而不是发展策略。这里面涉及成功的可能性，那么什么是成功的可能性呢？下文将从能力、进取心、投入度三个方面对人才类型做简要介绍。

（1）极度渴望成功的忙碌者

这个群体是否就是潜力人才的重要来源呢？其实未必，因为这个群体往往富有很强的进取心，对工作的投入度也很高，但是能力一般。这个时候，企业必须精挑细选，如果这个群体中有些人先天禀赋较好，只是因为后天学习不足而能力平平，那么企业可以将他们作为人才来培养，而其他大多数忙忙碌碌的员工基本上很难成为潜力人才。极度渴望成功的忙碌者模型如图 2–7 所示。

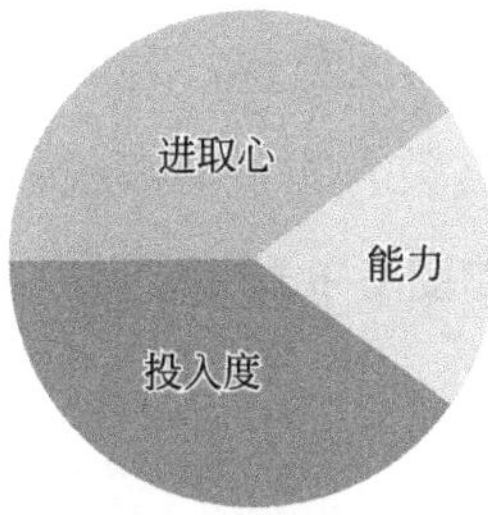

图 2–7　极度渴望成功的忙碌者模型

（2）有所保留的实干者

这些人往往能力很强、富有进取心，但是他们的才能并未全部施展，有可能是他们对企业并没有足够信任，也可能是他们所做的工作并不是他们感兴趣的工作，所以他们的工作表现并不突出。据统计，这类人才在高绩效员工中约占 43%，下一步成功的可能性为 13% 左右。所以，对于这类人才，倘若企业能够正确对待，转变员工对企业的态度，或者重新评估，把他们安排到感兴趣的工作岗位上，这类人才将更有可能成功。有所保留的实干者模型如图 2–8 所示。

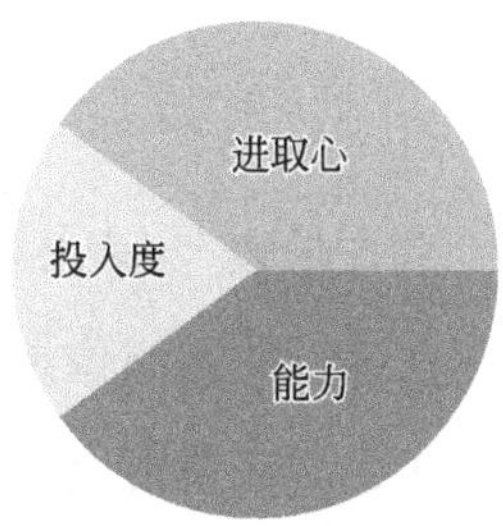

图 2–8　有所保留的实干者模型

（3）心如止水的实干者

在企业中，往往会有这么一类人，他们工作能力非常强，对工作非常投入，但是上进的意愿不强烈，往上晋升的动力不足，对于成功的渴望也不那么强烈。据统计，这类人才在高绩效员工中约占47%，其成功的可能性高达44%。对于这类人才，企业要高度重视，对他们进行综合评估，采取措施激发他们对成功的渴望，那么这类人才将能够脱颖而出，为企业创造更多的价值。心如止水的实干者模型如图2–9所示。

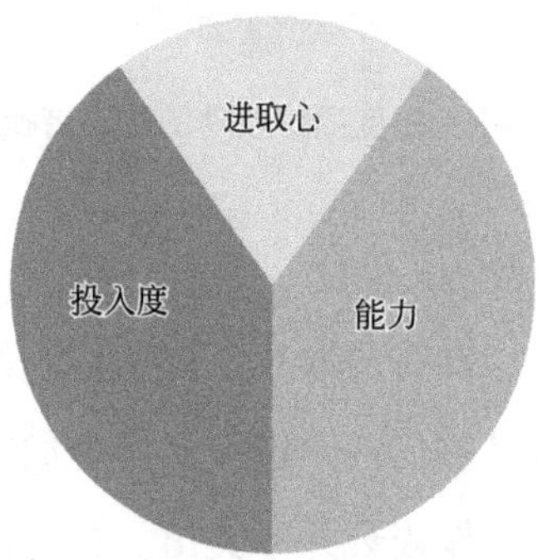

图2–9　心如止水的实干者模型

3. 人才库建立

通常来说，梯队人才库来源于潜力人才池，潜力人才池能为梯队人才库提供优秀人才。那么，应该如何构建梯队人才库呢？我们将从以下几个方面进行论述。

（1）人才画像

人才画像也就是“管理干部评价表”（表2–5），这是后期人才盘点结果输出的依据。一般来说，企业在进行关键岗位择取、岗位能力设定、角色任务模型建立、潜力评估后，往往会形成关键岗位人才的角色和能力定位，也就是人才画像。

表 2–5 管理干部评价表

个人信息					关键素质、准备度、潜力、优劣势评价			
姓名		当前职位			关键素质	优势	符合	待发展
入职时间		职级		照片	关键素质 A			
年龄		司龄			关键素质 B			
学位 / 专业		大学 / 毕业时间			关键素质 C			
职称					有效经验	符合	不符合	
近两年绩效					有效经验 A			
加入企业前的主要工作经历					有效经验 B			
起止时间	企业名称	职务	负责的具体工作	团队人数	有效经验 C			
					潜力评价	高	中	低
					潜力等级			
加入企业后的主要工作经历（含项目经历）					其他方面优劣势（特质、能力、经验等）			
起止时间	企业名称	职务	负责的具体工作	团队人数	优势			
					劣势			

（2）人才盘点结果展示

人才盘点结束后形成人才梯队，也就是业内所说的人才地图，将梯队人才库做可视化展示（图 2–10）。

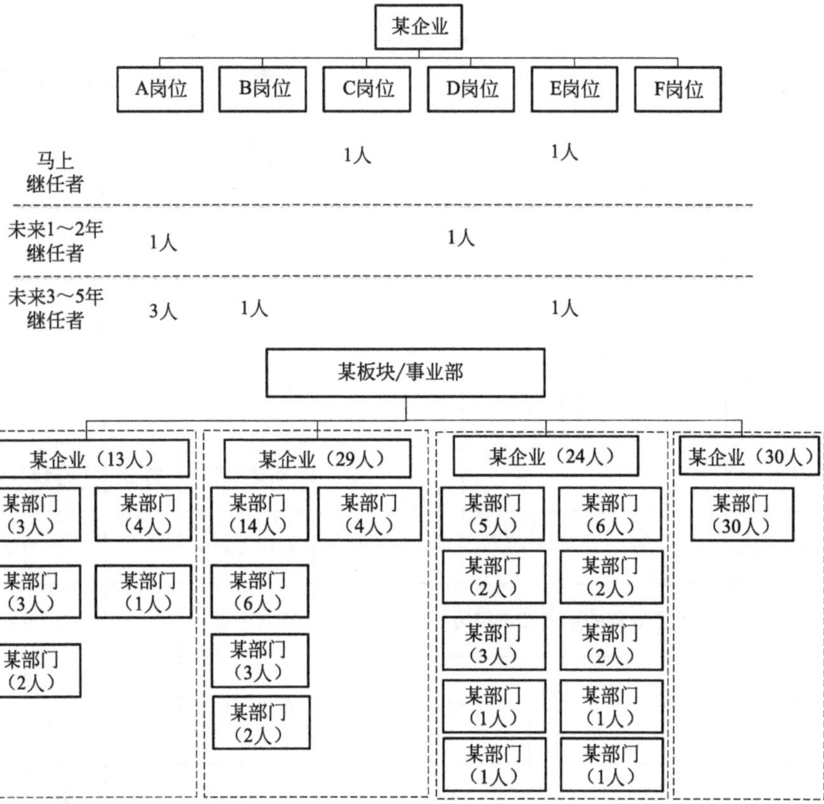

图 2-10　人才地图

（3）人才九宫格

人才盘点结束后，企业要进行归类，可以将当前企业员工的综合表现与潜力评估情况进行对比，进而将员工分为九大类：高潜力员工、潜力员工、高绩效员工、待发展员工、中坚员工、熟练员工、差距员工、胜任员工、问题员工，然后有针对性地区分。对于高潜力员工，建议企业重点发展和保留，优先重用；对于潜力员工和高绩效员工，建议企业做重点保留和培养，通过轮岗、锻炼等手段帮助这两类员工提升综合能力；对于待发展员工、中坚员工、熟练员工、胜任员工这四类人员，建议企业根据员工的不同情况进行培训；对于差距员工和问题员工，建议企业适当调整岗位，设置改进期帮助其改进或者将其淘汰。人才九宫格模型，如图 2-11 所示。

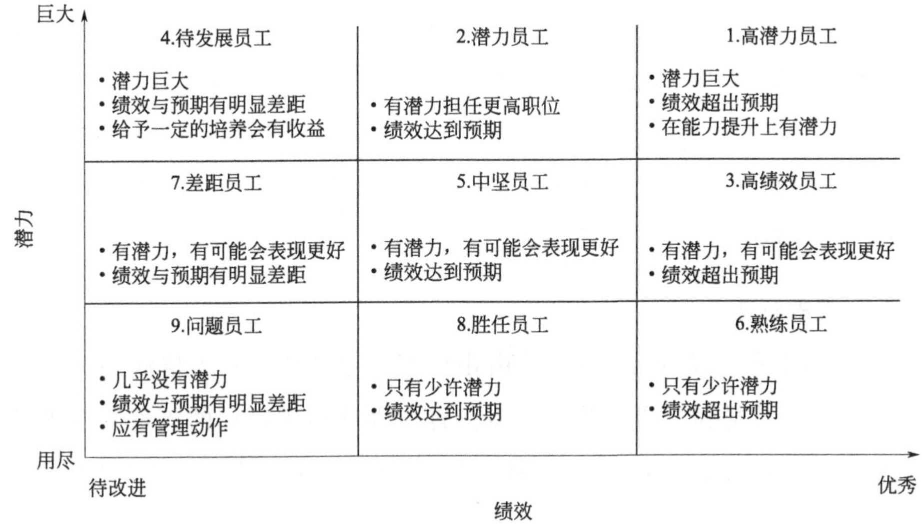

图 2-11　人才九宫格模型

从上文所述来看，企业重点关注的是高潜力员工、潜力员工、高绩效员工，以及问题员工，那么企业需要通过采取措施，制订行动改善计划来帮助这四类员工，可以参照人才发展计划样表（表 2-6）来制定改善行动方案。

表 2-6　人才发展计划样表

姓名	职级	优势	待提高	发展计划（培训、晋升、轮岗等）	时间安排

五、人才测评工具介绍

我们都知道，商家会定期对货物进行盘点，盘点方式较为简单，结果较直观。企业需要盘点人才，相比商家的货物，企业没有办法看到人才的内心世界和综合情况，情况就变得相对复杂，毕竟我们不能像数货物一样来盘点人才。这时候，我们需要借助人才测评工具帮助我们了解人才的性格、动机、障碍。以下我们简单介绍两类测评工具。

1. 霍根测评

霍根测评是20世纪70年代由霍根博士于“Hogan人格测评”中发展出来的，被誉为世界上第一款专门针对商业组织应用的人格测量工具（图2-12）。霍根博士持有这样一种观点：企业领导者的人格对整个企业的影响非常大，甚至能决定企业的命运与前途。

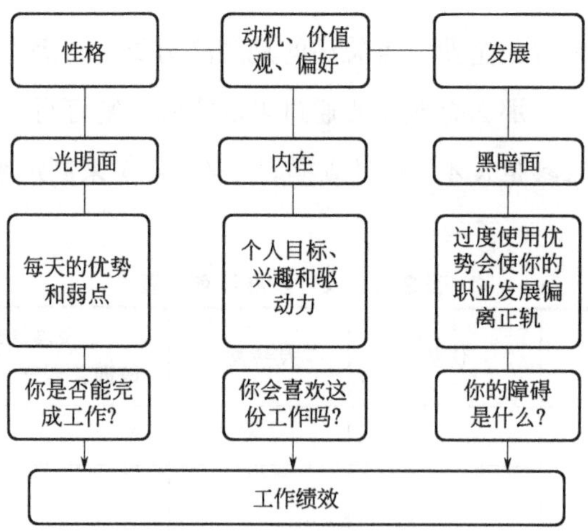

图2-12　霍根测评模型

企业借助霍根测评能够了解企业员工和领导，然后根据实际情况采取措施，激发他们改进工作，完善、提升能力。

2. 360 度测评

为了掌握干部情况，企业有必要在新入职员工转正前和定期对在职干部进行 360 度全方位评估，通过对本人、上级、同级、下属的调研了解干部的长处、不足与发展需求，进而掌握员工、在职干部的综合情况，为后期人才培养与任用提供参考。以 H 集团为例，基于集团转型战略和组织变革升级，对干部进行年度 360 度测评，在项目组建、干部能力标准确认、选定 360 度测评工具准备工作完成后，正式启动干部 360 度测评项目，一方面汇总多个角色对个体工作行为表现的反馈，从而对个体工作行为有效性和能力素质状况做出更全面而准确的判断，另一方面由外部顾问对干部进行一对一反馈洞察，综合所有评估数据和一对一反馈结果，进行团队数据分析和报告输出，形成洞察和管理建议向高管汇报，干部的 360 度测评结果将应用于干部任用和人才培养建设方案。

第五节 职位序列与非管理序列晋升：职业发展的可见光

一、职位序列

职位序列指在企业内部，企业根据岗位的工作内容、难易程度、责任大小等诸多因素进行排序而形成的矩阵型职位体系。每个企业的职位序列要适应其企业需求。

以 H 集团为例，其职位序列包含两部分：序列和职级。序列是某种类似工作的特定称谓，是执行某些工作和任务的职位集合，如管理、研发、生产、技术、专业、销售六大序列。职级则是根据岗位责任、复杂程度、能力水平、资历条件等而设定的职级体系，比如H集团按照职位序列表中的职务和任职资格对职级进行科学、合理的划分，形成H1～H17，共17个职级。其中H是集团的拼音首字母缩写，实习人员定级为HS级，司机、食堂人员、清洁工等后勤技能岗位定级为HT级。

职位序列中的职级是根据任职资格来进行划分的。任职资格的要素主要包含以下四个方面。

① 知识：员工胜任岗位所需的常识、专业知识以及岗位知识。

② 技能：员工在岗位中要具备运用某些工具或者操作某些设备来完成某些任务的技能，比如能运用统计学知识进行数据分析等。

③ 能力：员工具备的综合能力，如沟通能力、学习能力、解决问题的能力等。

④ 其他：具备胜任工作的其他个性特质，比如个人性格以及其他工作岗位特殊需求等。

二、非管理序列晋升

和管理序列一样，非管理序列晋升也是为了激发员工和干部积极工作、创造价值的体系。非管理序列晋升通道建设与管理序列不同，以下从四个方面来做简单介绍。

（1）确定试点部门与覆盖岗位范围

寻找那些员工司龄多在3年以上的部门；部门领导有较强烈的配合意愿；部门中的核心岗位应当在覆盖之列。

（2）确定层级数量、职务名称与职级数量、角色定义

谨慎评估企业现有职级体系与员工晋升需求是否相适应；聚焦岗位特点，以国家标准或者行业内标杆职位体系作为参照，制定不同层级职务。

（3）任职资格要细化

确定层级数量后，要依据具备胜任岗位的能力大小来设定不同层级的任职资格，并作为晋升的标准。

（4）晋升流程要优化

企业要有明确的晋升形式、晋升材料（如论文发表、职称、学历证书等）要求、晋升审核、答辩、评议、反馈、面谈、晋升等流程。为便于读者理解非管理序列晋升内容，笔者列出 H 集团的非管理序列晋升工作要求以供参考。

案例分享

为了给全体员工提供更加多元化的职业发展通道，激励广大员工提高自身综合素质，晋升到企业更高层级的岗位，在施展才能的同时能享受更好的福利待遇，企业在各部门开展非管理序列的人员晋升工作。为了工作的顺利开展，特提出以下要求，请大家遵照执行。

要遵循集团的职级体系划分（H1 ～ H17），可根据本单位的非管理序列细化情况，在每一个职级下细分小职级，但仅作为本单位职级序列办法使用。

非管理序列晋升要以支持企业业务为根本出发点，以员工绩效表现为基础，参照标准公开、公正、公平，杜绝形式主义。

非管理序列晋升工作的最终目的是优化员工结构、提高效能。

人员职级的提升不单是员工称谓、薪酬上有变化，更主要的目的是让员工的能力得到提升，能够胜任更重要的工作岗位，既能施展个人才能，又能为企业创造更多的价值。

此次晋升的比例没有上限要求，但注重晋升后效能的提升。各部门在设计晋升计划时不能只盯着人员的总数，而要把重心放在效能分析上，比如 6 个 H11 级别人员的效能应当比 6 个 H12 级别人员的更大。

对于某些人工成本增速远高于销售利润增速的部门，晋升薪酬的调整上不能直接从人工成本结余中处理，而要采取减少人员或用阿米巴经营模式来处理，进而激励员工。

任职资格描述、晋升条件设定，以及晋升评估流程与方法统一由各部门按照本部门实际情况自行设计，审批流程则要遵照集团人力资源业务审批权限表有关规定执行。

第六节　组织变革：企业进化之路

一、组织变革

组织变革指企业根据内外部环境变化对组织要素进行调整、改革的过程。

众所周知，企业的发展离不开组织变革。市场随时都在变化，企业资源也在不断变化整合，给企业带来了各种机遇与挑战。但是，如何从组织层面来拥抱市场，拥抱变革，迎接挑战，使企业在激烈的市场竞争中屹立不倒呢？答案就是组织变革。

二、集团化组织体系搭建

1. 集团管控

（1）集团管控目标

保证股东利益最大化，以实现企业使命和发展目标为宗旨，防止经营者对所有者利益的背离。

（2）集团管控定义

集团管控是指大型企业为了实现其战略目标，在企业发展壮大过程中，股东用来影响管理者以实现股东价值最大化，并控制股权的代理成本；在所有权和控制权分离的条件下，为调动利益相关者的积极性提高经营绩效，以企业合同关系为基础，合理配置经营者和所有者之间的权利和责任关系，对经营者实行的一种监督和制衡机制。

2. 集团管控模式

集团管控模式的核心是集权和分权的选择。战略管理大师迈克尔·古尔德等人合著的《战略与风格》中的"集团管控三分法"理论，将集团管控分为财务管控模式、战略管控模式、运营管控模式。

（1）财务管控模式

总部扮演财务投资者角色，集团实现投资组合和风险分散。

集团总部作为投资决策中心，以追求资本价值最大化为目标，管理方式以财务指标考核、控制为主，是一种分权管控模式，强调结果控制。

一般适用于：各下属企业业务相关性较低，产权关系松散程度较高，对集团总部影响不大或风险小的企业集团。

（2）战略管控模式

总部扮演战略管理者角色，集团实现业务战略协同和范围经济。

集团总部作为战略决策和投资决策中心，以追求集团总体战略控制和协同效应的培育为目标，通过战略规划和业务计划体系进行管理，是集权与分权结合的一种管控模式，强调程序控制。

一般适用于：各下属业务相关性一般，产权关系紧密度低，下属企业的业务运作比较成熟，对集团总部影响较大的企业集团。

（3）运营管控模式

总部扮演全面管理者角色，集团实现业务整合和规模经济。

集团总部作为经营决策中心和生产指标管理中心，以对企业资源的集中控制与管理，追求企业经营活动的统一和优化为目标，直接管理企业的生产经营活动，是一种高度集权的管控模式，强调过程控制。

一般适用于：各下属企业业务相关性高，产权关系紧密度高，总部为投资中心和利润中心，而下属企业只是成本中心的企业集团。

不同的管控模式在集团与下属企业的关系、管理目标、总部核心职能、适用范围方面存在区别，如图 2-13 所示。

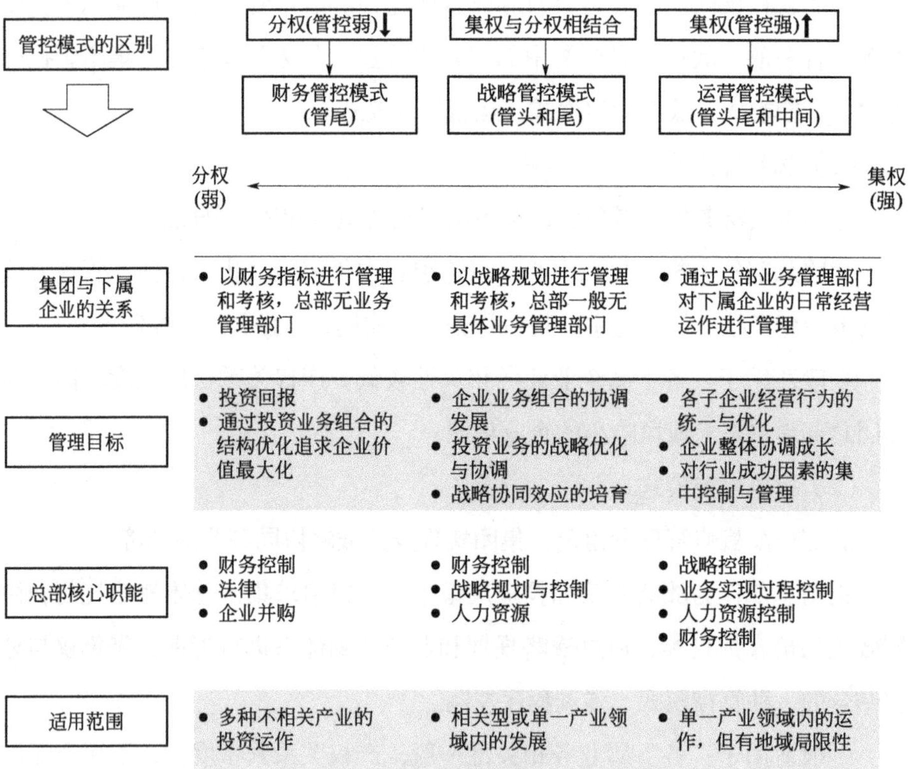

图 2-13　管控模式区别

以下以 H 公司集团化组织体系为例来介绍管控模式，便于读者更加清晰地了解集团管控。

2014年初，H公司提出了企业的长期经营方针，为企业发展指明了方向。为构建支撑这一经营方针的组织体系，需要进行组织整合，理顺组织关系，明确组织模式，构建管控机制，提高资源整合能力，推动企业跨越式发展。

同年6月份，经过酝酿与准备，人力资源部门牵头成立项目组，启动集团化组织体系建设。经过近半年的研究讨论，在集团领导的亲自指导下，决定按照企业经营价值链条模式，即研、产、销环节构建“板块模式”的集团组织体系。以“H集团股份有限公司”为内部虚拟名称，集团下设总部职能部门和投资、科研、生产制造、销售、新业务五大业务板块。各板块下设置各专业经营公司，组织体系划分为集团、板块和各专业公司后，形成了集团、板块、专业公司三个层次的组织体系，初步构筑了集团管控、板块统筹、专业公司经营的格局。

① 集团总部设置战略管理中心、投资发展中心、财务中心、人力资源中心、运营中心、基建工程中心、审计法务中心、品牌事务中心和集团办公室九大部门。集团总部负责全集团相关职能工作，对集团各单位既有管控职能也有支持服务职能，具体按照各部门职责和集团审批权限实施。财务中心和人力资源中心实施一体化管理，即各单位财务部门和人力资源部门直接向集团财务中心和人力资源中心汇报。集团设置环境安全委员会，统筹全集团环境、健康、安全运营（包括质量安全）工作。

② 建立集团研究院，整合研发资源，并以研究院和各科研类公司组成集团科研板块。围绕集团战略和产业布局，拓展合作研究、联合实验室、合作科研项目、产品申报，形成产品研发与引进消化吸收功能系统，承担储备产品、保持企业发展动力、带动集团科研创新发展的重任。研究院下设五个部门，即某病种研究中心、A产品研发中心、B产品研发中心、产业化中心和项目管理部。目前各公司的科研型组织纳入研究院统一管理，科研类公司纳入板块管理。

③ 建立生产制造板块，涵盖 A 产品生产、B 产品生产和 C 产品生产企业。打造先进制造平台，实施精益、高效生产，形成集群化、规模化优势，承担做强做大核心产业、完善生产和质量体系、提升企业成长健康度的重任。建立生产制造板块运行委员会，由生产制造板块运行委员会统筹板块内各公司负责人推进各项工作。未来兼并进来的生产型企业纳入生产制造板块管理，生产制造板块要做好人才储备，接手新企业经营。板块内要以强带弱，统筹提升管理水平，建设质量管理体系，提升质量管理和企业精益生产能力。

④ 建立销售板块，以某销售公司为核心平台，逐步涵盖集团各类产品的销售企业。注重学术营销、品牌营销，挖掘各个产业、产品文化内涵，提高企业的品位与价值，注重打造核心产品的核心价值，培育忠诚消费群体，承担创新营销模式，增强市场竞争力，开拓市场，把控市场资源与销售渠道的重任。

⑤ 建立投资板块，以集团投资发展中心为核心，以上市公司、基金或者投资公司为平台，运用金融资本工具融通资金，加快产业合作与并购步伐，带动相关产业的加速、扩张、裂变式发展，保障、推动和加速集团战略的实施，承担推动企业做大规模，实现自营与并购兼顾发展格局的重任。

⑥ 建立新业务板块，根据企业战略对新业务领域做深入研究，利用集团已有的优势积极寻求外延式扩展，协助投资板块在企业已有领域外做拓展研究活动。对研究成熟，准备投资进入的业务领域做好项目准备工作，完成新业务领域的资源整合。进入新业务领域后形成经营业态并组建团队，完成项目阶段任务，进入企业运营期后划入其他板块实施经营，或者筹建新的板块开展运营工作。

集团化后的 H 公司由多家单一的公司，变成“集团管控，板块统筹，专业公司经营”的组织模式，各板块为集团下属机构。这一集团化的组织模式有利于板块实施专业指导、行业对标，统筹各公司共同协作，在管理和专业技术上整合资源，共同发展，实现相关或同类业务的集群效益最大化。H 公司集团化前后的组织结构，如图 2–14 和图 2–15 所示。

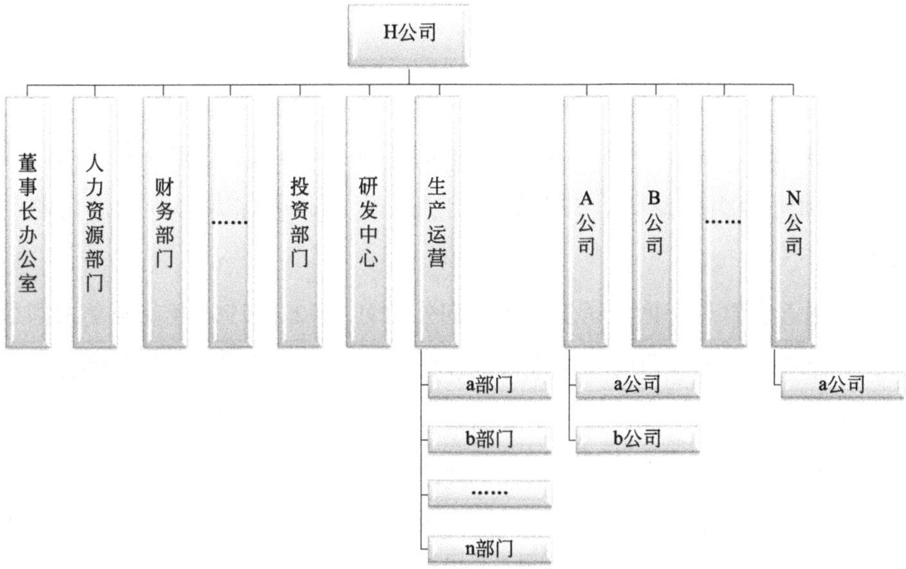

图 2–14　集团化前的组织结构

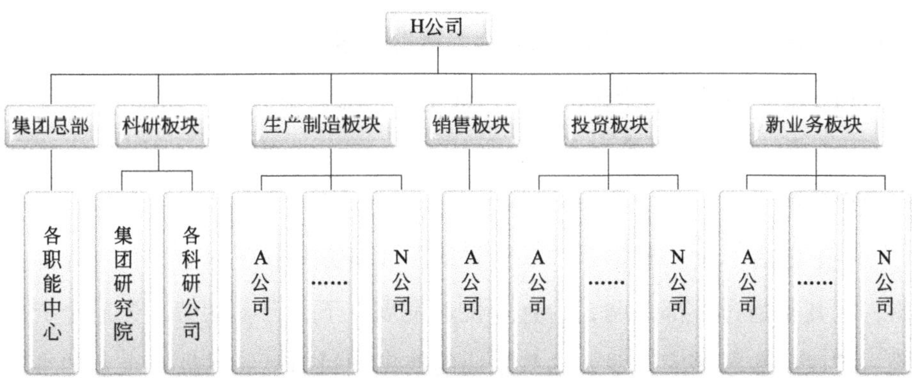

图 2–15　集团化后的组织结构

第七节　企业并购：人力资源整合实践

对企业来说，并购是一件极为重要的投资方式。企业经过发展壮大，在市场占有一席之地后，会寻求更好的发展，追求经济效益，谋求利益最大化，这个时候并购就是很好的选择。

然而，并购不是简单的行为，不是一家并购另外一家企业而已，它是个系统性工程。人力资源部门不可能作壁上观，而是要深度参与，比如并购前进行组织诊断，并购后整合人力资源，确保人力资源部门顺利过渡。

美国著名管理咨询公司麦肯锡咨询公司对 1972 ～ 1983 年间英美两国最大工业企业的 116 项收购案例进行统计分析，并购交易以失败告终的比例高达 61%。失败的原因非常多，主要因素有：两家企业整体规划与协调有严重问题、两家企业经营理念差别很大、两家企业有各自的运作方式、企业文化差异很大等。其中，无一不涉及人的因素，可见人力资源部门在企业并购中责任重大。

以下通过 H 企业的案例来说明。

H 企业是一家横跨现代中药、化学合成药、生物技术药、药用辅料和原料药、医疗器械、医疗服务及基因检测等诸多领域，集投融资、研发、生产、销售于一体的高科技医药健康产业上市企业。多次获得中国医药制造业 100 强企业、中国最具潜力上市企业等殊荣，连续三年荣登《福布斯》中国潜力企业榜。

自上市后，企业确定了“双轮驱动”战略方向——内生增长与外部并购，尤其是通过外部并购，为企业快速发展立下了汗马功劳，先后全资并购、控股或参股多家企业，这些企业的销售额目前已经占据了企业的半壁江山。

下文基于H企业并购后人力资源整合的实践进行了一些总结，并对企业并购后的可能性思路进行探讨。

一、并购企业人力资源整合的五大关键

1. 第一个关键：综合了解并购企业的信息

并购后如何整合人力资源是项复杂的工作。但我们可以理清脉络，将整合工作逐步分解。第一阶段的主要工作是人力资源基础调研、业务模式了解、组织结构审视、管理层访谈等内容。

（1）全面调研人力资源基础信息

确定并购前，虽然企业的人力资源部门进行了全面的调研，但是由于对方严格保密，企业所掌握的信息并不全面。确定并购后，企业则全面展开工作，人力资源调查工作是全方位的。其调查主要包含以下内容：招聘流程、培训体系、组织结构、员工名录、薪酬体系、人力资源预算、调薪情况、绩效管理、任免程序、人力审批权限、人力管理制度等。

（2）调研被收购企业的业务模式

并购后，企业的人力资源部门迅速采取行动，深入被收购企业进行调研，采取的方式多种多样，如员工座谈、工作现场调研和沟通、参加运营会议、查阅企业的财务报表等。调研内容主要是主要产品市场客户、价值链、重要举措等。

（3）审视现行组织结构

企业并购后，企业要非常重视，可再度调研被收购企业，确保两者的组织结构是相对接近的。经过一番调研，企业确认了被收购企业组织结构与集团相接近，对客户需求能够快速响应，两家企业的工作效率相差无几，关键岗位的人才能够胜任工作。

（4）管理层访谈

并购后，企业很快落实管理层访谈事务。企业管理的重点在于抓关键少

数（企业的管理团队），一是能够从访谈中获得重要信息，有助于了解团队管理人员的工作水平，二是掌握基本情况后对企业未来变革能够做到心里有底。

2. 第二个关键：定位并购后的企业人力资源管理模式

并购后，管理定位很关键。当然，首先要明白谁有最终决定的权利（股权关系），接着再去看做决定的人的管理风格。此外，并购过程中还存在特殊的管理方式，比如“对赌期”的管理。

“股权关系”决定了谁拥有话语权，一般来说，全资或者控股方拥有绝对的话语权，人力资源管理模式通常要听从大股东的安排，采用大股东指定的管理模式，参股单位只有建议权。

“对赌期”的人力资源管理特点则较为特殊。之所以出现对赌，是因为买方和卖方都想多一些时间来相互理解。不过，对赌也是有协议的，双方要达成某些内容，比如承诺业绩目标，达成对赌任务，协议期限一般 2 年左右。在这个阶段，除了相互了解外，卖方还得负责业绩目标的达成。人力资源在这阶段的主要工作是配合企业的需要，其工作特点是，以调研为主，管理为辅；沟通为主，命令为辅；释放变革信号为主，行动为辅。

3. 第三个关键：确保并购后企业管理团队顺利过渡

并购后，母企业一般会派精锐干将去接管被并购的企业。这些人身肩重任，既要在被收购的企业内部整合资源、培养人才，还要将母企业的管理方法、管理理念、企业文化等传递下去。

既然到被收购企业那里工作的母企业人员极为重要，那么该如何选派呢?

首先，被抽调的人员要与调研所需岗位匹配。以 H 企业为例，他们在前期做了大量调研，确认了被收购企业所需要的岗位人员，然后从企业内部抽调财务负责人并在企业总经理岗位上抽调人员。这些人员业务素养高，熟悉母企业业务，负责被收购企业的相关部门后，能在较短时间内建立起与母企业一样的管理模式等。

4. 第四个关键：母企业与被并购企业的融合

并购后，母企业和被并购企业的融合成了所有工作的核心，作为重要推动力量之一，人力资源部门责任重大。

对人力资源部门来说，首先要做的工作是促使两家企业之间的企业文化融合。谈及企业文化，很多人会觉得非常空洞，甚至不以为意，其实这是错的。被并购的企业，其员工犹如新员工一样，各种不适感随之而生。如果母企业不能尽快采取措施促使两家企业文化融合，将会带来巨大问题。

美国学者斯威格·杰·皮·沃什调查后发现，并购后的企业高管人员流失非常严重，并购后第 1 ～ 5 年累计的流失率分别是 25%、37%、42%、56%、59%。其中，企业文化起到非常重要的作用。因此，母企业要综合权衡并做好运营机制、管理体制的温和过渡，确保人员的稳定性，同时要做好从外部大量招聘人才的准备。

5. 第五个关键：并购之初 100 天极为关键

新人入职新企业的前 100 天非常重要，这是企业给员工的第一印象。对并购来说也是如此，这是并购整合的关键期、融合期，更是管理变革的准备期。母企业应当全盘考虑，采取系列措施来应对，比如成立人力资源整合小组、宣讲团队、沟通互动团队、富有亲和力的高管团队、建立沟通渠道等，确保母企业与被收购企业之间的沟通互动不间断。

二、并购后的人力资源整合模型

通过上文的叙述，我们能够较为清晰地认识到人力资源整合实践的五大关键。如果我们将其整合，就能形成人力资源整合模型。并购后，人力资源整合主要分四大阶段（图 2–16）。

（1）调研

主要包括人力资源基础信息、企业业务特点、管理团队情况和人力资源风险评估。

（2）定位

先确定企业的管控模式，然后依据母企业人力资源管理模式来明确人力资源管理模式，进而制定人力资源整体规划。

（3）过渡

确定被收购企业的董事会、监事会、高管人员，明确人力资源审批权限，输送外派人员等。

（4）融合

人力资源制度体系、文化、信息化对接和整合。

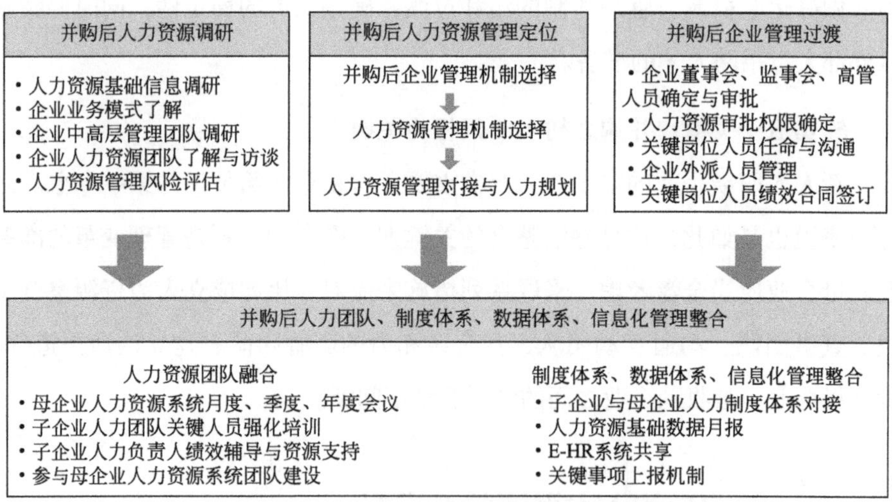

图 2–16 并购后企业人力资源整合模型

第三章　招聘管理与实施

得人才者得天下，一个国家的兴亡取决于此，一个企业的成败也取决于此。人才是企业生存和发展的基础保障。招强兵，买良马，是一个企业壮大的必经之路，也是 HR（Human Resource，人力资源）一生必修的功课。那是不是企业中的 HR，只要把目光盯准那些学历高、经验丰富、履历出色的人，就会为企业带来顶尖的人才呢？事实并非如此！HR 在工作中要意识到，理论上优秀的人才，未必能给企业带来惊喜和改变。

本章重点介绍企业从招聘到建立人才供应链的方法论及其可以借助使用的工具，帮助读者了解企业建设人才供应链的必要性，以及良好的人才供应链建设是如何支撑业务发展，提升组织效能的。

第一节　企业如何锚定人才

有时企业的招聘人员如同救火队员一样。有的企业年初没有招聘规划，年中和年尾又出现各种应急的招聘需求。工作中，招聘经理常常会遇到这样的情况：

① 招聘信息发布后很久，收到的简历却少得可怜，更重要的是都不适合；

② 好不容易约了一些能来面试的人，最后却悄无声息地爽约；

③ 招聘到的人看起来还不错，但有用人需求的部门却怎么都不肯录用；

④ 求职者入职后和面试时判若两人，完全达不到最初的预期；

⑤ 用人单位和求职者都觉得不错，却因为一些问题无法达成一致，比如说社保问题，或者作息时间等。

其实招聘从来都不是一件无关紧要的小事。企业想要锚定适合的人才，就要了解相关的规律、法则和招聘工作的关键指标。企业招不到适用人才是因为没搞清楚几项关键工作。

1. 第一项关键工作：明确用人需求

招聘工作进行前，用人部门明确给出自己的用人标准和需求，这会让招聘工作更顺利地进行，也会给彼此节约更多的时间和成本。

而与此同时，优秀的 HR 在接到明确的招聘需求时，也要有自己的深度思考。

① 这个岗位招聘的目的和原因到底是什么？是用人部门对现有人员不满意，想用更出色的人来替换掉现有人员，还是有新增岗位？

② 部门结构、岗位职责及工作流程是什么？是用人部门需要提升效率，现有的人员配置无法满足需求吗？

③ 这次招聘是公开招聘还是私下进行？用人部门是真有招聘需求，还是只想给内部人员一定的压力，促进部门内部良性竞争呢？

正所谓磨刀不误砍柴工，负责招聘的 HR 先明确并深入思考招聘的目的，以及在招聘过程中可能遇到的难点和问题，让招聘需求变得清晰、可视化后再来招聘也不迟。首先理清业务与人才引进的关系，形成招聘需求调查表（表 3–1）。根据人才标准和面试计分表进行持续优化。

关键交付物，即能解决什么问题，带来什么价值？围绕关键交付物，按照 STAR 面试法等结构化面试工具，确定人员能否达成关键交付物。

表 3-1 招聘需求调查表

部门	人力资源中心	需求日期	
招聘类型	□人员补岗 □组织发展 □人才储备	编制情况	□编制内 □编制外 预算追加 ____ 万元 / 年
岗位名称（数量）		职级范围	
直接汇报上级		到岗月份	
1. 岗位使命与职责； 2. 任职要求（含关键经验要求）； 3. 岗位关键交付物			

填写说明：如存在需要对拟招聘的重点岗位进一步详细说明的情形，建议完善以上信息，如不存在，可不用填写。

2. 第二项关键工作：解析岗位

解析岗位即进行对需求的全方位解析，可借助于 5W2H 法进行人才市场分析，形成面试计分表。以总裁助理为例，如表 3-2 所示。

What？ 企业需要什么样的人？明确岗位人才关键交付物，确定真正能为企业创造价值的人才。

Where？ 目标人才在哪里？确定招聘渠道。

Why？ 为什么在那里？目前所在企业的优势是什么？应聘者为什么来我们这里？我们的优势是什么？

Who? 目标人才是哪些？确定目标人选范围。

How? 有什么样具体的人才策略可以吸引目标人选来我们这里？比如可以提供什么样的发展平台、薪酬待遇等。

How much? 是否有预算支撑？做好薪酬评估、效能评估。

When? 策略什么时候实施？确定岗位职责、任职资格、人才标准、薪酬范围等信息后，正式启动招聘。

表 3-2　面试计分表

<table>
<tr><td colspan="3">应聘岗位：总裁助理（品牌推广方向）</td></tr>
<tr><td colspan="3">姓名：　　　　性别：　　　　年龄：　　　　学历：</td></tr>
<tr><td colspan="3">一、岗位使命描述：
1. 根据企业发展战略规划，参与制定企业品牌战略并提供专业的品牌推广方案；
2. 制定年度及阶段性的品牌传播策略与推广计划，实现企业品牌推广目标；
3. 根据企业品牌战略和年度品牌推广计划，推动推广渠道策略的实施，实现超价值渠道成果</td></tr>
<tr><td colspan="3">二、关键交付物 / 面试关注点（SMART 原则）</td></tr>
<tr><td>关键交付物 / 面试关注点</td><td>面试评分</td><td>面试评语</td></tr>
<tr><td>1. 近两年内主导过的品牌推广项目的成功案例（背景、角色、计划方案、效果）</td><td></td><td></td></tr>
<tr><td>2. 传统、互联网媒体市场的资源情况
（国内主要传统媒体相关部门的责任人是否熟悉互联网媒体资源使用流程与注意要点）</td><td></td><td></td></tr>
<tr><td>3. 各类媒体运作模式和价值特征
（媒介价格、最优媒介的选择标准等）</td><td></td><td></td></tr>
<tr><td colspan="3">备注：每项评分等级为 1 分、2 分、3 分、4 分、5 分</td></tr>
<tr><td colspan="3">面试人员：　　　　　　　　面试日期：</td></tr>
</table>

3. 第三项关键工作：人才市场分析

在当今社会网络化高度发展的今天，企业人才来源方式当然也是纷繁多样的，但只有明确企业所需人才的方向，以及不断地对人才来源进行分析优化，才能帮助企业建立起正确的人才锁定计划。

想要锁定目标人才，保证企业顺利建立起人才锁定计划，作为关键人物的企业招聘官，一定要在招聘前明确企业定位。如果企业的人才引进想要从满足现有业务发展需要向引领业务、推动变革方向转变，就必须对企业想要布局的产业进行前瞻性的了解与研究，需要对于新的产业人才特点有比较深入的了解。比如了解优秀企业人才情况，以及如何获取优秀企业的关键人才，如想引进又需要满足哪些条件。人才市场分析通常从以下三方面来进行。

（1）了解优秀企业及基本情况

该企业是做什么的？其产品用户是谁？上下游各是谁？了解其盈利模式、产业的细分领域、优秀企业获胜的关键能力，以及这些关键能力的打造是依靠哪些部门 / 岗位实现的。

（2）搜索优秀企业人才情况

如何获取优秀企业的关键人才？如果想引进需要满足什么条件？

（3）获取人才地图

确定招聘岗位，形成人才地图及人才挖掘对象，并组织开展实施。

4. 第四项关键工作：使用最佳渠道

全方位打造引才渠道，做出渠道的精准选择。通过选取不同的招聘渠道（表 3–3），可以有针对性地寻找相关人才。精准定位，快速获取人员信息。具体内容将在“第三节　选择合适的招聘渠道”中详细介绍。

表 3–3　招聘渠道

序号	招聘渠道	合作方
1	招聘网站	前程无忧、智联招聘、猎聘网等专业招聘网站
2	猎头推荐	外部专业猎头公司
3	微信招聘	微信圈推广
4	校园招聘	重点院校
5	人才市场	外部展会组织的人才双选会
6	内部推荐	集团内部人员

5. 第五项关键工作：有效选择和善于利用各种相关工具

比如在面试的时候，我们就可以充分利用相关的面试和评估工具，以及测评工具（详见“第七节　人才测评”），还可以设置结构化面试问题与评估表。角色任务模型包含岗位角色、典型工作任务、能力要求和关键经验。

根据角色任务模型（主要任务 + 关键素质 + 有效经验）确定人才标准，并设置相应面试问题进行评估。以某企业运营副总为例的面试前准备与评估，如表 3–4 所示。

表 3–4　面试前准备与评估

方向	能力维度	典型面试问题	权重 /%
关键素质	系统思考能力与沟通表达能力	（面试过程回答问题的专业度、全面性，大型集团型企业工作经验阐述，表达是否顺畅）	15
有效经验	从 0 到 1 与逆境发展（力挽狂澜）	众多工作经历中，您经历过的最难的一段工作时间是什么时候 具体遇到哪些棘手的问题，您做了哪些工作？结果如何 解决这个问题最重要的关键点是什么	15
	企业多业务领域管理经验	您除了负责生产之外，还负责哪些职能的管理？（关注非生产领域）（研发、生产、质量、设备、基建、销售、人力、财务）	20
		在团队管理过程中，是否遇到过不好解决的问题？ 具体遇到哪些棘手的问题，您做了哪些工作？结果如何 您在看财务报表时，重点关注的数据有哪些？如何通过财务报表做决策？请举例说明	
	某行业经验	是否了解某行业或某企业	10
		某行业的发展趋势如何？某企业如何做得更好	
	企业规划与发展策略	是否参与过企业的长期规划工作	10
		如何做企业的长期规划	
		企业经营策略是如何制定的？您的角色是什么	
		您都具体负责哪些内容	

续表

方向	能力维度	典型面试问题	权重 /%
有效经验	企业日常运营能力	请您简述企业整体的日常管理体系是如何运转的	20
		您重点抓哪些方面？有哪些挑战？如何推动	
		您是如何授权的？或者说您授权的原则是什么？您如何监控目标的落地	
		如何确定目标？如何看待集团确定的各家企业的经营目标 （您管理过多少人的团队）	
主要任务	完成工作的关键交付物	您工作的主要内容是什么？工作的关键交付是什么？达成如何	10
其他	薪酬期望与长期驻外	您的管理风格是什么样的？您目前的薪酬是和期望薪酬是多少？是否可以长期驻外工作？家里人是否允许	—

6. 第六项关键工作：做好录用工作和背景调查

录用通知书主要是告诉应聘者被录用的岗位、入职时间、入职培训时间、携带资料、应聘者应注意的事项，事先声明合约无效的条件等内容。

签发录用通知书前，在征得候选人同意的情况下，可以要求候选人提供3个月薪资单（或银行薪资发放流水），同时进行背景调查。

关于背景调查，常规岗位可以通过企业进行调查，填写员工背景调查表（表3–5）但要提前与候选人签署背景调查授权书（图3–1），可以通过人才的积累，线下侧面了解，重要的职位可以和专业的公司合作，但是要注意合理合法，具体介绍详见本章第五节。

安排必要的体检并取得合格的体检报告，以免将来因职位健康问题产生不必要的麻烦。录用通知书最好以邮件的形式进行发送，明确回复及报道期限，或者不予录用的情形。

对于入职日期的设定，建议提前做好沟通，给予候选人足够的交接时间，如果应聘岗位的确需要提前报到，建议在面试时就告知，以免影响紧急岗位的到岗时间。

表 3–5　员工背景调查表

<table>
<tr><td colspan="4">被调查者基本信息</td></tr>
<tr><td>被调查者姓名</td><td></td><td>应聘职位</td><td></td></tr>
<tr><td>联系方式</td><td></td><td>性别</td><td></td></tr>
<tr><td colspan="4">第一证明人基本信息（建议为被调查者原企业的上级）</td></tr>
<tr><td>姓名</td><td></td><td>职务</td><td></td></tr>
<tr><td>联系方式</td><td></td><td>与被调查者关系</td><td></td></tr>
<tr><td colspan="4">第二证明人基本信息（建议为被调查者原企业的人力资源部门）</td></tr>
<tr><td>姓名</td><td></td><td>职务</td><td></td></tr>
<tr><td>联系方式</td><td></td><td>与被调查者关系</td><td></td></tr>
<tr><td colspan="4">工作履历调查结果</td></tr>
<tr><td colspan="2">被调查者提供信息</td><td>情况是否属实</td><td>说明</td></tr>
<tr><td>曾任职企业名称</td><td></td><td>是□　否□</td><td></td></tr>
<tr><td>任职起止时间</td><td></td><td>是□　否□</td><td></td></tr>
<tr><td>职务名称</td><td></td><td>是□　否□</td><td></td></tr>
<tr><td>离职原因</td><td></td><td>是□　否□</td><td></td></tr>
<tr><td colspan="2">被调查者与原企业是否有劳动争议</td><td>是□　否□</td><td></td></tr>
<tr><td colspan="2">被调查者是否有违规违纪行为</td><td>是□　否□</td><td></td></tr>
<tr><td>工作能力 / 业绩评价</td><td colspan="3"></td></tr>
<tr><td>其他信息</td><td colspan="3"></td></tr>
<tr><td colspan="4">人力资源中心意见</td></tr>
<tr><td colspan="4">□录用　　□待查　　□拒绝</td></tr>
<tr><td colspan="4">调查者签名：　　日期：</td></tr>
</table>

背景调查授权书

本人________确认应聘__________职位，已许可并授权___________________有限公司及其代理机构，自________年_________月_________日起可以对本人在应聘申请表及个人履历中所提供的信息的真实性进行核实，并在认为必要时向相关部门和单位进行问询。本人将不追究其因此而可能产生的责任。

此授权书复印件与原件同样有效。

特此证明，希望您予以配合，非常感谢！

本人提供信息如下：

1.身份证号：				
2.学历信息：				
(1) 起止时间	学校名称	所学专业	培养方式	毕业证书编号
(2) 起止时间	学校名称	所学专业	培养方式	毕业证书编号
3.工作履历信息：				
(1) 起止时间	企业名称	职务	离职原因	薪资水平
年 月～ 年 月				
直属上级领导	职务	联系方式	人力资源部	联系方式
(2) 起止时间	企业名称	职务	离职原因	薪资水平
年 月～ 年 月				
直属上级领导	职务	联系方式	人力资源部	联系方式
(3) 起止时间	企业名称	职务	离职原因	薪资水平
年 月～ 年 月				
直属上级领导	职务	联系方式	人力资源部	联系方式

本人签字：

日　期：____________

图 3-1　背景调查授权书

询问候选人关于企业、职位的疑问，给予解答澄清，以免入职后有变化。

7. 第七项工作：人才供应链建设和雇主品牌建设

人才引进是系统工程。除上面讲到过的为什么企业招不到合适的人才之外，接下来企业招聘到的人才是否能通过试用期，或者在预期的时间内能否满足引进人才的需要，也是招聘人才时需要重点考虑和预估的部分。在招聘前，我们通常要做好人才引进效果评估。这也与企业的文化理念、价值观、制度环境等息息相关。没有良好的用人环境和发展空间，即使引进了适用的人才，能够发挥出的效用也非常有限。

人才招聘不易，人才与企业融合并实现自我价值就更难。如果把人才招聘设定为 1 分，人才与团队的融合度则最高可设定为 10 分，而企业能够把人才培养得更适用，为企业贡献价值才是企业最终想要的最高分值 100 分。这需要企业掌握人才引进、人才融合及人才引进效果评估等各个环节的情况，如表 3-6 所示。

一般来讲，狭义的招聘管理只包括人才的甄选，但从广义上来说，绝大多数的企业在招聘员工时都会包含三个子过程，这个过程就是企业招聘的 FVV 模型（图 3-2），它具体包括以下内容。

（1）筛选过程（Filter）

根据企业发展需要及用人需求，做好简历筛选，剔除不适合的简历。

（2）测评过程（Verification）

在这个过程中，招聘者要结合企业对人才选定的标准，再通过综合面试、笔试等多种测评方式，预测面试人员是否符合招聘岗位任职资格的要求。

（3）确认过程（Validation）

在面试人员符合企业招聘要求的基础上，通过合理有效的试用期考核，最终确认新员工是否与企业相匹配。

上述 FVV 模型是大多数企业在招聘时采用的通用模型，掌握这个模型即可熟悉招聘流程以及招聘环节，对关键环节进行把控。

表 3-6 招聘行动计划表

岗位情况						人才引进							人才融合情况		人才引进效果评估							
板块/事业部/企业	岗位	级别	需求提出日期	推荐简历数量	面试人数	候选人姓名	初试日期	终试日期	发出录用通知日期	入职日期	到岗周期	简历渠道（是否使用猎头）	与入职人员定期沟通情况与反馈	与入职人员同事定期沟通情况与反馈	试用期目标制定日期	试用期关键任务（3条左右）	试用期述职时间	试用期考核结果	试用期关键任务完成简述	年度目标制定时间	年度考核情况	年度内关键任务完成简述

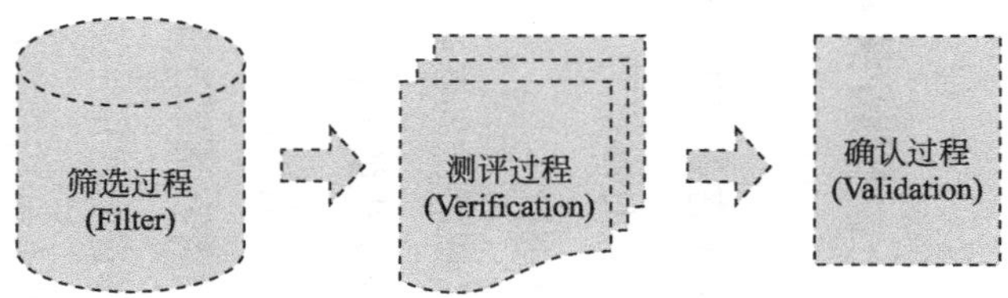

图 3-2 企业招聘的 FVV 模型

第二节　招聘官需要具备的技能和职业素养

招聘说到底就是一场人才抢夺大战。想要稳、准、快地得到企业所需的人才，没有大局观不行，不讲谋略战略不行，没有招聘思维也不行。

招聘一直都是人力资源管理模块中最基础的一部分，于是很多人也认为招聘最没有难度，也最简单易学。与其他模块相比，招聘人员的能力常常被认为是最薄弱的，但这个想法其实是对招聘人员和招聘环节最大的误解。

一、招聘官要对自己的职位有正确的认知

招聘官是招聘工作中举足轻重的角色，他们代表的是企业的整体水平和形象，有时候招聘人员的一句话、一些细微表现，都会直接影响到招聘工作的正常进行。

从招聘前的各项准备工作，到与各用人部门之间的沟通协作；从对于企业理念文化的深刻理解，到关注企业的长远发展与战略规划，再到招聘方案的设定，面试沟通回复以及测试环节等，每一个细节招聘官都要注意到。

招聘官既要注重自己的个人修养水平与沟通、识人等能力的提升，也要时刻谨记自己的一言一行都代表着企业的整体形象。招聘官会潜移默化地影响着企业的招聘进展，可是在实际的招聘工作中，能注意到这一点的招聘官却并不多。

招聘官在招聘的过程中，往往喜欢按照自己的个人喜好来妄加评论和随机评判，而不是以企业的实际需求和应聘者的真正水平来客观评定。还有一些招聘官常常在自己的朋友圈发一些负能量的消息，不是抱怨企业就是抱怨生活，不是抱怨爱人不理解自己，就是抱怨孩子太难管，诸如此类的事情，看似与招聘工作没有什么太大的关系，也像是无关紧要的小事，

然而在现实的招聘过程中，却会因此错失优秀人才，甚至让招聘工作陷入停滞的困境。

案例分享

小陈从网络上查询到A企业最近正在招聘人才，企业的整体发展与小陈的个人职业规划比较符合，小陈给A企业投了简历后，在网络上与招聘官做了简单的交流，两人约定第二天下午到企业面试。可是让招聘官没想到的是，第二天下午小陈却爽约了。

原来招聘官怕小陈找不到路，好心加了小陈的微信并给他发了定位。可是小陈却在招聘官的朋友圈里看到了很多让自己失望的内容。企业经常加班，整个企业正处于一个“将帅无能，累死三军”的状态，因为现有的人员都快被无能的领导累“死”了，所以，这是打算换批人再继续吗？

小陈当然不愿意来这样的企业面试了，若企业真如此，又何必来浪费时间呢？若企业不是如此，那么这个招聘官的水平和企业的企业文化也令人担忧，企业同样是有问题的，这些问题真的是自己加入就可以解决的吗？

如此衡量一番，小陈还是果断放弃了这家企业的面试。

其实我们也不妨换位思考一下，如果是你，你愿意去一个连招聘官都是满满负能量的企业工作吗？你会对一个招聘官只凭借自己的喜好来选择人才的企业充满期待和好感吗？

招聘官身上承载的任务说重不重，说轻也不轻，是一个关键且重要的角色。招聘官除了对外招聘和选拔人才之外，还要经常反思和审视自己。作为企业信息的第一传达者，同时也是招聘过程中最重要的一环，只要这中间出现任何一点差错和失误，就可能导致整个招聘工作都无法有效进行。

二、招聘官要小心的雷区

俗话说，招对了人，可以带来百万效益；而聘错了人，则会造成百万损失。这并不是一句危言耸听的话，而是经历无数惨痛教训后最痛的领悟。一个企业想要充满活力和竞争力，想要长久地发展，就容不得招聘决策的失误。

曾有一个发展中的企业，原本发展态势非常好，所以老板也就抱着“不拘一格降人才”的想法，招兵买马，广纳人才，想要靠着“新鲜的血液”将企业发展到另外一个新高度。

可没想到的是，引进的人才太过于杂乱，和企业的融入度非常差，直接导致企业失去了几个到手的大项目，让企业陷入经营困境之中。原本正在储备力量为上市做准备的企业，最后连员工工资都发不出来。

这当然不是招聘官的责任，但也与招聘官有着密不可分的关系。很多招聘官在招聘的过程中，容易陷入固定的思维模式，依赖于以往的经验，而结果往往招不到适合的人才，还给企业带来了损失。招聘官要谨记自己的重要职责，小心避过以下雷区。

薪酬很关键但不是决定因素，很多招聘官在遇到适合企业的人才没有及时入职的情况时，往往只会在薪酬上下功夫，以为是薪酬水平达不到对方的预期。通过筛选的人才没有入职，往往原因是多方面的，如果他没有直接挑明说是薪资待遇的问题，就不要先试图通过加薪的方式来留住对方。最好先搞清楚真实的原因，再看是否有调整的可能和空间。

面试环境随意，招聘官穿着随意。面试环境不一定要多高档，但至少要干净整洁，我们都知道“首因效应”，最初的印象会影响后面的判断。而招聘官的穿着也是一样的，不需要名牌，但要看起来整洁正式。

时间安排不合理，两位面试者间的等待间隔太长。朋友小茹的亲身经历，和招聘官约好了三点面试，但是小茹去的时候，招聘官正在面试一位应聘者，出于礼貌，小茹先打了招呼，然后在等待区等待。

可没想到的是，这一等就是两个小时，她听见里面的招聘官与面试者谈得非常愉快，两人的笑声时不时地传出来。看这样，一时半会儿还是结束不了，所以小茹两次敲门，向招聘官说明，如果今天不方便的话，可以下次再约时间面试。

招聘官有些尴尬，说十分钟后结束当前的面试，让小茹再等一下。出于礼貌，小茹又等了一会儿。可当小茹接受面试的时候，她已经决定即使通过面试，也不会选择来这家企业上班了。

面试当然可以等待，但中间间隔的时间一定不要过长，不管最后结果如何，这也是对应聘者的一种尊重。

三、招聘官应有的招聘思维

人与人之间的差别，大多就是思维上的差别。以终为始的结果导向思维也同样适用于招聘，在计划的时间内招到合适的人才正是我们想要的结果。我们再来想想是不是常听到企业里负责招聘的人员说，招聘效果不好，市场环境不好，求职者能力不行或者态度不端正等理由。这就是没有结果思维的招聘者的表现。另外招聘者还要懂得灵活应变，把招聘工作长久持续地做下去。

四、招聘官应熟知的法律法规

1. 熟悉国家相关法律法规

作为一名招聘官，一定不能绕开国家的法律法规。这是招聘工作不能触碰的“高压线”，也是人力资源管理中一定要重视和注意的地方。不了解相关的政策和法规，轻者影响企业声誉，给企业带来意想不到的损失和麻烦，更有严重者甚至会受到法律制裁。

2. 招聘国内员工的相关法律

在现实的企业招聘环节中，很多时候企业都会觉得自己掌握着录用员工的主动权，而忽视了招聘过程中的法律风险，这会为企业后面的运营发展和用工管理埋下隐患，从而给企业增加意想不到的成本和风险。为了保证招聘工作的合法、有效，企业从发布招聘广告到录用员工，都要注意避免就业歧视等问题，比如根据《中华人民共和国就业促进法》规定，劳动者享有平等就业的权利。所以企业的招聘广告中不能出现就业歧视等相关用语，否则就会面临着侵权诉讼，并将承担相应的法律责任。

另外，明确所招聘职位的录用条件。《中华人民共和国劳动合同法》中明确规定，劳动者在试用期间被证明不符合录用条件的，单位可以立即解除劳动合同。因此，明确的录用条件是企业行使合法解除劳动合同权利的前提。

作为招聘人员要熟知与招聘就业相关的法律法规，对于《中华人民共和国劳动合同法》的关键条款必须熟记于心，同时，要随时关注国家最新法律法规的出台和最新解释。

还要防范招聘工作中的欺诈性内容与操作，用人单位要严格遵守《中华人民共和国劳动合同法》，如实告知工作内容、工作条件、劳动报酬等情况。

如果招聘者招募的候选人中有外籍人员，也要提前知晓和掌握有关外籍人员在聘用过程中需要注意的问题，以及需要熟知的法律、法规。另外，对于地方性法律法规招聘者也同样不能忽视。

第三节　选择合适的招聘渠道

招聘渠道是企业开展招聘工作，实现招聘目标的途径，对于招聘工作来说非常重要。根据漏斗原理，招聘者应该知道入口的人才数量与质量，决定了出口的人才数量与质量。在招聘进行之前，如何选择合适的渠道，怎样洞悉招聘渠道的发展趋势，特别是面临企业突发性招聘时招聘渠道的布局，以及渠道创新能力，都是招聘者要研究和学习的问题。

一、招聘渠道的选择原则

招聘渠道是招聘工作的重中之重，因为它是招聘的首要资源，也将直接影响着招聘工作的成功率和有效性。

从招聘渠道的目的性、经济性和时效性等综合来看，招聘渠道的选择原则就是在规定时限内满足招聘需求的同时，保证渠道性价比最高。

二、招聘渠道的分类与特点分析

随着时代的发展，招聘渠道日趋多样化。传统的主流招聘渠道包括现场招聘，网络招聘，报刊广告招聘，猎头、内部推荐等。这些渠道都是日常企业广泛使用的渠道，而且在一定的时间内，还将继续发挥重要的作用。很明显，不同的招聘渠道最终能带来的招聘效果是不一样的。

企业招聘者需要根据企业自身的特点与优势，以及发展阶段等综合因素，来优先选择最适合的招聘渠道。

1. 网络化招聘

随着互联网时代的到来，网络化招聘的作用和地位与日俱增，比如猎聘网、智联招聘和前程无忧等很多网站都备受招聘者和求职者的关注。很多企业热衷于网络招聘，主要还是因为它的优势十分明显。

网络招聘不受时间和空间的限制，依托于网络平台本身的庞大用户量，用信息共享的方式增大招聘信息的覆盖面和曝光率。招聘者可直接在线与求职者进行沟通，有效实现信息的共享和互动，促进双方进行更合理也更高效的选择。还有很关键的一点就是，网络招聘相比于传统的线下招聘和广告媒体招聘来说，成本相对较低。

除了上述典型网站之外，各个地方也都会有与之对应的招聘网站和按照精准行业划分的网站。这些渠道，招聘者都要加以关注，以免遗漏合适的人才。

2. 媒体广告

企业也常会通过报刊、电视和广播电台等传统媒体渠道发布招聘信息，特别是在专业的人才报刊上刊登招聘广告。

媒体广告的优势是受众面广、过程简单并且收效快，一般在短期内会收到较多的应聘资料，同时也对企业起到一定的宣传作用。但与此同时，这种渠道的效果会受到广告的影响力、覆盖面以及时效性的影响。

3. 人才招聘会

提起人才招聘会，与过去的人山人海、人头攒动的盛况相比，如今的招聘会可能不如从前了。就连很多招聘者都会对这种招聘渠道嗤之以鼻，觉得它太落伍了。但是，现场招聘会这种渠道形式，对于我国人力资源的整体市场发展与进步还是起到了很大的推动作用。可以说没有曾经的人才招聘会，也就没有我国今天如此活跃的人才市场。

4. 人才市场招聘

人才市场招聘与人才招聘会看起来类似，但事实上还是有一定区别的，最主要的区别就是时效性。人才招聘会一般为短期举办的，人才市场招聘则是长期固定的招聘。如果企业有明确地区针对性的人才需求时，就可以采用这种方式。

5. 内部推荐

内部推荐可以从企业内部的现有人员中进行内训调配，来补充空缺的职位和新增岗位。如果企业采用内部员工推荐方式，可以迅速提升招聘进度，提高招聘效率。有很多企业用内部推荐奖励等方式来鼓励内部人员推荐人才。

但它的缺点是有时会形成“小圈子”，这也告诉招聘者要考虑招聘的人员数量，避免企业产生小群体的现象。

案例分享：内部推荐

H企业招聘管理制度中的内部推荐管理规定如下。

经总部及代管单位人力资源部门评估，列出需启动内部推荐的急需岗位。招聘负责人会根据需要发布内部推荐公告，内部员工在认真了解该岗位信息后可向企业推荐候选人，成功入职并通过试用期后，推荐人享受相应的推荐奖励。

为鼓励集团员工积极推荐候选人，在人才引进效率和质量上再上一个新台阶，每年内部推荐奖共设置五个奖项，奖励在招聘过程中表现高效、精准的管理者以及在人才输送过程中表现突出的团队。

伯乐奖：推荐入职数量多或职级影响力大的中层及以上人员。

人才引进高效奖：面试高效、筛选精准的中层及以上人员。

人才引进支持奖：推荐简历数量多、支持校园招聘的中层及以上人员。

内部推荐奖：推荐入职人员占部门总人数比例最多的团队。

人才输送奖：在人才培养、人才输送中发挥重要作用的团队。

6. 外部推荐

与企业有合作的外部客户可以为企业推荐人才，或者企业管理者借助个人的社会资源以及外部朋友圈为企业推荐和输入人才。

7. 猎头招聘

猎头这个称呼一听就是个舶来品，它在国外是一种十分流行的人才招聘方式，中国香港等地把它翻译为“猎头”，在内地流行起来后也称之为猎头，意思是“网罗高级人才”。

猎头服务的出现是顺应时代发展的产物，它在一定程度上促进了人力资源的流动和合理配置。目前，猎头服务已成为企业获取高级人才和高级人才流动的重要渠道，并逐渐开始形成一种产业。

目前国内的市场上，各种猎头公司的服务能力和水平也不尽相同，企业只有悉心挑选、慧眼识珠，才有可能选择到真正优秀的猎头公司，从而保证人才猎取计划的成功。

从某种意义上讲，企业选择一个什么样的猎头公司为自己服务，也在很大程度上决定了企业高端人才招聘的质量。未来要求猎头公司以新模式向企业主动提供人才输送。也就是说原有模式“企业提出需求→猎头寻访推荐→录用或准备”与未来新型模式“猎头自有人才推荐→企业进行内部匹配→录用或储备”两种模式是并行的关系。

案例分享：供应商管理

H 企业目前与 15 家猎头供应商合作，战略宣导为人力副总监与重点供应商线上沟通，招聘负责人与重点供应商定期沟通；持续激励机制为分级管理与奖励淘汰；人才库管理机制为人才库定期梳理和建立招聘 TP（Talent Purchasing，人才挖掘）团队。

（1）H 企业战略及业务宣导

① 人力副总监与重点供应商沟通（线上会议）：整体业务和战略介绍、

未来主要的人才方向介绍、供应商答疑。

② 招聘负责人与重点供应商定期沟通（线上会议）：每周进行重点人才寻访，按月度进行供应商人才供应情况通报，按季度对寻访的顾问进行培训，实行持续激励机制和猎头供应商分级管理（季度管理、年度评级，详见表 3-7）。

表 3-7　猎头供应商分级管理

供应商级别	定义	激励方式	淘汰机制
战略合作供应商	1. 合作超过三年； 2. 每年都提供优质人才； 3. 提供战略性人才	1. 全集团推荐使用； 2. 费用比例 A 方案（其中 2% 作为年度奖励）； 3. 顾问奖励（现金 1000～3000 元；培训机会）	1. 一个季度无优秀人才提供，取消当年年度奖励； 2. 当年达成人才数量排名不在前三名，降为一般合作供应商（战略性人才提供较多时除外）
准战略合作供应商	1. 合作一年以上三年以下； 2. 每年都提供优质人才； 3. 提供战略性人才	1. 按照其优势资源推荐部分单位使用； 2. 费用比例 B 方案（其中 1% 作为年度奖励）	1. 一个季度无优秀人才提供，取消当年年度奖励； 2. 连续两个季度无优秀人才提供，总合作年限减一年
潜力合作供应商	1. 合作不超过一年； 2. 积极性较高，提供人才较好； 3. 提供战略性人才	1. 按照其优势资源推荐部分单位使用； 2. 费用比例 c 方案，没有奖励	1. 连续一个季度无优秀人才提供，提出警告； 2. 连续两个季度无优秀人才提供，取消合作

（2）猎头供应商管理机制（集团内部）

① 猎头管理权归属：集团统筹（高端招聘项目组）管理猎头供应商，包括筛选、签约、评估、奖励与淘汰，各单位可提供建议。

② 猎头供应商筛选要素：专注在医药行业；有专门的医药团队；猎头

顾问水平及配合度，即对医药行业非常熟悉（对行业和职位的理解，顾问服务的专业程度、配合程度，包含是否诚信）；有相关岗位的成功案例；服务的医药行业客户群体类型（重点考核服务过的同类型企业，其次是客户的多样性）。

③ 建立猎头简历人才库，猎头供应商全部实施线上管理：通过招聘平台对猎头供应商及猎头简历进行统筹管理，建立各单位人才库，定期盘点。

（3）建立高端人才库输入、盘点、输出机制

建立H集团外部人才挖掘项目团队（TP小组），各单位招聘负责人操作和维护，人力资源总监把关质量，高端招聘项目组定期整理并通报数据报告。月度外部人才库盘点与季度人才输出，与各单位招聘负责人绩效相关。TP小组成员成功从外部寻访到合适的人才且其成功入职后，可享受现金奖励（猎头费的1%～5%），每入职一人奖励一次。TP小组建立、运营及考核。高端人才库输入、盘点、输出机制，如图3-3所示。

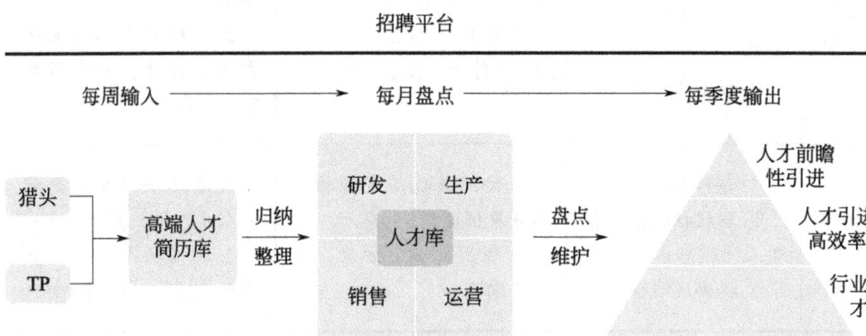

图3-3 高端人才库输入、盘点、输出机制

① 人才库建立机制：五个人力资源总监根据各自对应的业务板块，确认需要建立的人才库类型，每个单位不少于一个人员参与，不少于一个人才库（无任何中层以上人才招聘的单位除外）。

② 人才入库标准：对标企业（需提前确认好清单，定期更新）、中层及以上管理人员、关键技术人员。

③ 人才库考核标准：每月入库量（需总监认可）、人才库活跃度（实际被联系的人员占比）、人才库贡献度（录用人员占比）。

④ 人才库运营奖励：三个标准权重排名（权重依次为：30%、30%、40%）；非猎头挖掘人才成功入职人才库，对招聘人员提成奖励（实际猎头费用的 1% ～ 5%）。

⑤ 人才库运营机制：定期将供应商数据及 TP 小组数据分发至各总监知晓。

8. 人才外包

人才外包的招聘渠道只适用于企业临时短缺人才的情况。

9. 校园招聘

校园招聘的发展，是紧随着我国大学生就业政策的发展而发展的。

（1）校园招聘的特点与目标

校园招聘是企业吸纳人才的一个重要的优质渠道，很多企业已经将校园招聘工作提升到了战略管理层面。

应届生有很多突出的优势，他们敢想、敢拼，年轻有魄力，可塑性较强，服从管理，潜质高而且招聘成本也低。校园招聘在满足企业人才使用和人才储备方面，有着非常直观又有效的优势。

但校园招聘也有不足之处，比如应届毕业生需要企业进行培养后才能上岗，基本上不能马上进入岗位角色，这对企业的人才培养系统提出了更高的挑战和要求。校园招聘中吸纳和储备这些优秀新生力量，对于企业持续发展与生存的意义重大。

校园招聘一般要满足企业初级岗位的需要，使优秀人才为企业的长远发展持续输入动力和能量。

（2）校园招聘的一般流程

在做好各项准备工作后方可正式启动，各个环节的关键点如下。

① 制订校园招聘计划：凡事预则立，不预则废。校园招聘计划一般包括两个方面，一个是校园招聘过程中所涉及的各项事务的组织计划；另一个是招聘的人员需求。

② 确定招聘的人才标准：包括任职的资格和条件及素质模型等。

③ 发布正式的招聘信息。

④ 进行简历分析与人员筛选。

⑤ 甄选测评：比如无领导小组讨论、结构化面试等。

⑥ 录用与培训：包括发布录用通知、介绍入职流程、进行培训等。

校园招聘会结束之后应进行总结，并针对是否达到预期招聘效果进行分析。

（3）校园招聘方案

校园招聘计划通过后，接下来要由人力资源部门牵头制定校园招聘方案，在这个方案里要详细规划出院校及院系选择，落实院校联系人信息等具体环节。

例如 H 企业每年都会进行校园招聘项目的策划，成立项目小组。校园招聘能够很好地结合企业的品牌建设，在满足业务部门人才需求的同时，通过网申平台、微信平台、校园 BBS 及宣传资料传播企业的用人观和人才观，建立独特的企业形象，提升品牌认可度。与此同时，人力资源部门按照目标院校有序完成招聘任务工作，确保达成企业招聘人才的目标。

（4）校园招聘实施

校园现场招聘会主要有两种形式，一种是专场的招聘会，另外一种就是双选会。从字面上来看，专场招聘会就是只为一家企业专门组织的招聘活动。专场招聘的优势很多，包括简历集中、竞争压力小等。

一场成功的专场招聘会，要想多收简历、宣传企业，也要做很多准备工作，包括企业宣讲、收集简历以及组织面试等。

首先，要和学校进行良好的沟通。其次，还要确定好专场招聘的宣讲主题。不要让学生和校方去猜测企业到底需要什么样的人才，招聘官最好明确具体需求，比如明确专业，这样也可以直接和相关的专业老师对接，更容易节约沟通成本，高效匹配到适用于企业的人才。最后，准备工作做好之后，就要进入具体的招聘流程了。

① 企业宣讲：通过播放宣传片、宣讲 PPT 等方式进行企业的品牌宣传，播放的重点是放大和突出企业本身的核心优势，达到吸引应届生人才的目的。

② 收集简历：宣讲过后企业安排专人，在现场为对企业感兴趣的同学们答疑解惑，并收集相关简历。

③ 组织面试：简历收集完毕，要按照正常的招聘流程，做好简历的初步筛选工作，对于符合条件的应聘人员，可通知其来企业参加面试。校园招聘会一般都采取集中面试的方式。

（5）校园招聘总结

校园招聘会结束后，人力资源部门可以根据招聘计划、招聘方案等招聘前的准备和招聘后的相关数据来做分析，重点分析校园招聘会的实际招聘效果是否达到预期目标。

三、招聘渠道对比选择

企业目前处于什么发展阶段？想要招聘的人员是基层人员还是高端人才？是需要马上就能工作创造业绩和价值的员工，还是准备招聘一些储备人才？不管任何企业都不应该盲目地依赖单一的招聘渠道，即使以往你曾经在这种渠道中收获过很多适用人才，但在不同的阶段招聘不同的人才时，还是要综合考虑以下关键要素。

1. 企业特点决定招聘渠道

企业目前处于初创时期还是成长时期；企业是高新技术企业还是传统生产企业；企业发展的是高端服务产业还是低端服务产业；企业需要高精尖的人才，还是一般基层的大众化人才。不同类型的人才也分布在不同渠道，在选择招聘渠道时，企业要结合自身的特点来选定相对应的渠道，也可借鉴同行的招聘经验，根据行业相关特征来选择招聘渠道。

2. 招聘成本预算

招聘渠道不同，成本费用必然也有所差异，如报纸等媒体招聘广告的发布需要支付相应的广告费用；参加招聘会需要支付金额不等的场地费；网络招聘需要支付发布职位以及接收简历的费用；如果是高端人才，通过猎头企业招聘时，可能就需要支付高昂的猎头费用。对于企业而言，要根据自身的成本预算与企业需求来选择支付成本最恰当的渠道。

3. 招聘的目的和需求

招聘的目的和需求也决定选择哪些招聘渠道。比如企业目前是需要直接可以创造业绩和价值的人才，还是在培养储备人才。如果企业急需用人，那么组织校园招聘和招聘会的方式肯定就不适合。

这种情况选择网络招聘会更高效一些，另外招聘基层紧迫人才需要广撒网，招聘高端紧迫人才，则需要通过猎头的方式来协助。此外，在选择渠道时还要考虑招聘职位类型、层次以及能力要求等因素。

4. 关注了解新渠道

当我们进入网络化时代后，人才信息流动也进一步发展。招聘渠道不是固定不变的，招聘正呈现出多元化和网络化趋势，新兴招聘平台如领英、赛柏蓝等，都真实地反映出招聘渠道不断向前动态发展的特点，这也需要招聘者时时关注招聘渠道的新动态和新变化，进而更好地适应时代发展，也能更加及时地做好招聘渠道的选择。

四、内部、外部招聘的选择

企业在招聘人才时既可以采用内部招聘，也可以采用外部招聘。到底哪种招聘方式更适合呢？一般来讲，针对不同层次和水平的人才，不同环境和成长阶段的企业都应该有不同的选择，具体情况具体分析，主要还是要结合企业的实际情况来定。内部、外部招聘的优劣势分析，详见表 3–8。

表 3–8　内部、外部招聘的优劣势分析

对比要点	内部招聘	外部招聘	备注
对应聘者的了解程度	非常了解	不太了解	内部提拔的人知根知底，但是内部提拔人才的缺点或短板也很明显
招聘成本	招聘成本低	招聘成本高	例如通过猎头“挖”高级人才的成本会非常高
近亲繁殖	易导致近亲繁殖	无	内部招聘易引发企业高层领导和员工之间的不团结
用人分歧	用人分歧多	用人分歧少	与领导的威信相关，会产生明争暗斗的问题
企业竞争力	不容易改变	容易改变	借助外部人才力量，推动企业管理变革
新思想和新方法	新东西少	新东西多	外部招聘员工会给企业带来新思想、新观念、新技术、新方法、新价值观、新的外部关系，使得企业充满生机与活力
选错人的风险	风险低	风险大	俗话说“知人知面不知心”，虽然人才甄选技术很多，但事实上外部人才甄选仍比较困难

企业在招聘新员工时，最好采取内外部相结合的办法。至于企业偏向于

内部招聘还是外部招聘，则与企业本身的状态和特点相关，它往往取决于企业发展战略、职位需求以及企业的人才竞争优势等综合因素。

不管是内部提升还是外部选拔，只要符合企业自身发展需要和人才规划需要，并最终能收获良好的结果就是好的。而相比于纠结到底应更倾向于内部招聘还是外部招聘，企业先建立公平、公正和公开的人才选拔机制更为重要。

第四节　简历筛选：看似简单的事情都不简单

简历筛选就是从所有申请这个职位的简历中选择出最适合企业的人才。搜索简历的过程本身就是人岗互相匹配，甚至人、岗、企业文化互相匹配的过程。

这里的关键信息就是与企业的匹配程度，而不是从中选出最优秀的简历。作为招聘人员，岗位说明书中的任职资格要求是招聘者必须烂熟于心的，而且招聘者还要理解此岗位的关键需求和外延需求。关键条件是此岗位缺一不可的，应试者必须全部具备，否则这种简历不予推荐。外延需求是应试者最好具备的条件，如不具备，其他条件合适的话，也不强求。

案例分享

H 企业要求总监级以上或重点岗位招聘需在面试前完成面试计分表，面试前与业务领导充分沟通，确定岗位关键交付物（SMART 原则），这不但是面试评估的重要判断依据，更是在员工试用期制定目标的重要依据。

如果我们在招聘一个岗位的员工时，不清楚工作目标，后期沟通的成本会很大，即使特殊情况下，会有“因人设岗”情况，但依然需要在入职前确定关键目标。

招聘是一个双向选择的过程，只有同时满足彼此需求的时候，企业才有可能招聘到真正适合的人才。

第五节　招聘中容易忽视的背景调查

企业招聘时，在寻找人才的过程中要尽量避免风险。员工背景调查是常常容易被忽略的过程。员工背景调查是指企业通过各种合理合法的途径，对应聘者的个人履历信息和提供的其他信息资料的真实性进行核实的过程，它是规避企业用工风险的重要保证，也是招聘者应该重视的问题。

一、背景调查由谁负责

通常情况下，背景调查会由人力资源部门负责或者直接委托第三方负责调查。由于人力资源部门本身就掌握着第一手真实信息，所以做背景调查针对性强并且成本低；但人力资源部门自行调查容易出现个人主观色彩较浓的现象，调查结果可能相对不够严谨客观。如果接受调查的这位候选人是从竞争对手那里“挖”过来的，这种情况就会给背景调查带来一定的难度。

案例分享：黑名单制度

H企业根据多年用人经验，为最大限度地降低用人风险，建立了自己的黑名单制度，并在招聘制度中进行规范要求。如果企业在招聘过程中发现候选人出现以下情况，即可列入本企业的黑名单。

在应聘登记表中发现虚假信息等；

毕业证、学历证、职称等证件存在造假信息等；

已接受录用通知的候选人无故违约，影响企业工作开展；

候选人工作履历、管理范畴、业绩、薪资等信息有不符的情况；

其他对入职造成不良影响及后果的情形；

发生影响恶劣的员工关系纠纷事件；

其他原因。

由招聘负责人及ER（员工关系）相关人员担任的录入人员负责将黑名单录入系统，其应该在事件结束后7个工作日内完成录入。

黑名单制度要求招聘负责人在进行招聘时，将候选人信息与黑名单系统中的信息进行复核。如果候选人被列入黑名单，要避免此类人员再次入职，以免给企业造成不必要的损失。

招聘者采用职业化的方式对候选人展开背景调查时，一般会采取与候选人之前所在企业联系的方法来详细调查候选人的工作经历、背景等相关信息。

这种方法如果能够顺利进行，当然会对招聘的效率及降低企业录用风险有莫大的好处，但是在进行背景调查的过程中，势必也会遇到各种阻碍，比如候选人在上一家企业离职时是否是公开进行的，相关人力资源部门的人员是否会设置阻碍，不愿意积极配合，或者上一家的人力资源部门是否会对员工进行客观准确的评价，会不会出现故意抹黑造成信息误导的情况，这还需要招聘者和人力资源部门来综合考虑和平衡。

除了企业的招聘者对候选人进行职业化的背景调查之外，还可以外包给比较专业的第三方调查公司来进行统一调查。一般来讲，第三方调查公司会有较为固定的信息调查渠道，他们的专业性也较强。又因为是第三方的立场，所以也能做到不偏不倚、较为客观。但同样的，第三方调查公司也会有不足之处。在我国，有关于员工背景调查的第三方调查公司还属于一个新兴的服务行业，服务质量良莠不齐，所以企业在选择第三方调查公司的时候要小心谨慎。第三方调查公司可能会汇报虚假信息，更有甚者，还可能会给企业带来法律风险，造成不必要的名誉或者经济上的损失。而且如果企业招聘普通员工时用专业的第三方调查公司进行调查，成本太高，并不适用，只有在招聘中高端人才的时候才会做此考虑和安排。

在企业自己进行背景调查和第三方调查公司对候选人进行背景调查之外，还有一种既专业又节约成本且有效的方式，就是与猎头公司合作，由他们出面来对候选人进行背景调查。这种方式相对节约企业招聘人员的精力和招聘成本，但是也同样存在某些弊端。比如猎头与候选人的利益大体上都是一致的，所以某些猎头就会帮助候选人在信息资料上做一些“技术处理”，企业最后看到的背景调查信息，往往是猎头们精心包装后的、有水分的信息，这样做的目的就是让候选人看起来更加符合企业招聘的要求，使其尽快获得录用。所以企业相关的招聘人员在和猎头公司合作时尤其要注意这一点，必要情况下，还需要在相关的合作协议上专门约定关于虚假调查的责任。

二、背景调查的时间及原则

企业对候选人的背景调查，一般可以分为入职前调查和入职后调查。

采取入职前背景调查可以让企业提前掌握主动权，一旦发现候选人的信息资料有造假的情况，可以即刻灵活处理，此时需要承担的法律风险非常小。但是也会遇到一些困难，比如用人部门不理解、不配合。有些时候用人部门是“临时抱佛脚”，因为着急用人，所以就会出现重能力轻人品的情况，只想从候选人当中挑出能够快速上岗创造价值的人，甚至还会不停地督促人力资源部门抓紧时间为候选人办理入职手续，给招聘者施压，让背景调查难以进行。这时候，招聘者要与用人部门好好沟通，并耐心细致地为其分析利弊。

另外，还会出现由于招聘者过分依赖经验而盲目自信的情况。不管在任何行业，工作数年后的人都会积累出自己的经验和技巧，面试者也是一样。每个招聘者都会有自己独特的识人、选人的方式和技巧，也有自己的一套面试经验、甄选经验等。但如果仅凭自己的经验和喜好来对候选人进行判断，往往会出现与事实相背离的情况，可能还会给企业带来麻烦和损失。

还有一种情况是会出现求职者故意给出模糊的信息，给招聘者造成信息误导的情况。毕竟不是所有的求职者的工作经历都是好的、愉快的。如果候选人在原来的企业内表现并不好，他们内心又不希望招聘者对他们做背景调查的话，就会故意模糊背景信息。

所以，背景调查实施起来会遇到各种各样的困难和阻碍，而且调查结果的真实度也十分堪忧，但作为招聘者，还是要迎难而上。只有做好背景调查，才能在最大程度上规避用人风险，为企业找到人品和能力都优质并适合企业发展的人才。

员工入职后对其进行背景调查，虽然可以给予企业充分的时间。员工入职后都有一个试用期，企业就可以充分利用这个时间来对员工进行背景调查，试用期一般在 1 ～ 6 个月不等，这段时间内企业完全可以对已经录用的员工进行充分的背景调查，也不用担心失去优秀的人才。

员工入职后对其进行背景调查，虽然可以在最短的时间内吸纳到优秀的人才，但同时企业若在试用期期间辞退某员工可能会面临法律风险，若该员工存在职业道德上的问题，还会给企业带来很大的损失。

案例分享

有一次，有位产品经理录用了一名员工小张，可谁知道招聘者并未对这名员工采取任何背景调查。结果不但给自己埋了一颗“雷”，还很快就爆炸了。

原来小张在原公司担任的职位牵扯到保密协议，而小张与原公司部门领导闹得不愉快后擅自离职，并未办理正式的离职手续。于是原公司就以小张未与本公司解除劳动合同以及擅自离职后给本公司造成经济损失为由，将小张和小张所在的新科技公司一同告上了法庭。

而法院最后宣判结果，由于新科技公司录用了与原公司没有解除劳动关系的小张，给原公司造成了一定的经济损失，所以新科技公司也要赔偿部分损失。

虽然上面的案例有一定的偶然性，但我们不难看出员工背景调查的必要性。对于大部分企业的大多数普通岗位而言，我们还是建议在入职前进行背景调查，以防患于未然，将用人风险降到最低。

三、背景调查需要注意哪些问题

在经历惨痛教训之后，很多企业深知开展员工背景调查的重要性，也有很多招聘者注重背景调查这一招聘环节了，但对于背景调查这件事，先搞清楚几个问题再开始也不迟。

1. 背景调查侵犯被调查者的隐私吗

不管是个人还是企业，我们做任何事情的首要原则都是必须合法。很多招聘者在做背景调查的时候会有一些明显的困惑，这项行为是不是合法，它是不是侵犯候选人的个人隐私权呢?

《中华人民共和国劳动合同法》第八条规定：“用人单位招用劳动者时……用人单位有权了解劳动者与劳动合同直接相关的基本情况，劳动者应如实说明。”而这里面的基本情况包括学历、履历、离职原因、工作业绩等。

由上述法条规定我们可以看出，背景调查就是法律赋予企业最好的保护。但是出于对候选人的尊重，最好还是要征得候选人的同意。

如果候选人对背景调查反应很强烈，那就说明他的履历中造假的可能性非常大，那么招聘者也可以直接筛掉这个候选人，如此还提升了招聘的效率，也节约了招聘的成本。

2. 什么岗位需要背景调查

对于企业来说，是不是只有某些关键岗位才需要做背景调查呢？比如说中高层管理者、财务、技术人员等。事实上，企业所有的岗位都需要做背景调查。千万不要想只是基层员工，没有必要花费过多的时间、精力和成本去做背景调查，在以往的案例中我们会发现，越是基层的员工越容易存在信息造假行为，也很容易给企业带来负面影响。

四、背景调查的内容及方式

员工背景调查的内容有很多，但在一般情况下，企业进行背景调查时主要调查的是员工工作经历的真实性。除此之外，调查范围还可以包括身份核实、犯罪记录核实、教育背景核实、工作经历真实性核实、数据库调查等。企业开展完背景调查后，要将其中的调查时间、调查内容、调查方式等关键点汇总到背景调查表中存档。

进行背景调查时，不同的调查内容也可以通过不同的方式来进行。例如对候选人的身份进行核实，可通过全国公民身份证号码查询服务中心来辨别候选人身份证号码的真伪。如果身份证号码都存在造假，明显是不具备录用资格的。甄别候选人是否有犯罪记录时，可以通过候选人户口所在地的派出所和员工档案所在地进行核实。在以往的案例中就出现过用人企业没有做背景调查，结果出现聘用的员工曾是罪犯并再次作案的现象。

候选人教育背景和学历造假现象频出。招聘者可以通过全国高等教育学生信息网来查询2001年以后的大专以上学历的候选人的毕业证书，但目前此网站上还无法查询学位证书，学位证书需要通过高校的档案部门来核实其真伪。对于国外的教育经历，可以委托有能力的第三方调查公司或者中华人民共和国教育部的留学服务中心来核实。

招聘者还要对候选人工作经历的真实性及工作表现进行核实。招聘者对候选人进行背景调查的最可靠途径就是与候选人之前所在企业的人事专员取得联系。

第六节　人才标准与面试指南

一、人才的选定标准

企业在选拔合适的候选人时，必须要明确自己的需求和标准，才能找到与企业岗位相匹配的人才。那么企业选拔人才的标准包含哪些内容呢?

其实人才是否合适的关键因素，就在于其能不能胜任企业目前招聘岗位的工作内容。因此，招聘者主要从候选人的角色、真实的工作能力和以往的工作经验三个方面，来综合判定其是不是企业所需要的人才。人才的选定标准，见表3–9。

表3–9　人才的选定标准

人才要求	聚焦的核心问题
角色	澄清岗位在组织中所承担的关键责任和对组织的独特价值
能力	要履行岗位角色，需要什么样的能力 导致业绩差异最为关键的领导能力有哪些
经验	要履行岗位角色需要什么样的经验 从这些经验中个人能达到哪些能力的提升

为了使面试官能够掌握人才的选定标准，在面试过程中可以有效提问并熟悉面试后人才管理流程，H 企业对参与面试的中层及以上管理人员进行了金牌面试官培训。该课程是一门关于如何确定人才标准、如何在面试过程中通过有效提问来鉴别人才，以及面试后如何管理人才的课程。

案例分享：H 企业人才选拔应具备的条件

以 H 企业省级销售经理为例，如表 3-10 所示。

表 3-10　H 企业人才选拔应具备的条件

<table>
<tr><th rowspan="2">岗位角色及任务</th><th rowspan="2">关键能力</th><th colspan="2">有效经验</th></tr>
<tr><th>经验要求</th><th>经验描述</th></tr>
<tr><td>角色一：省内客户分析与策略制定
任务：客户销售策略制定
销售任务与指标的分解</td><td>追求卓越</td><td>中医教育或工作经历（主要考察对于业务领域的理解和专业知识）</td><td>中医教育背景或中医行业 3 年以上经验</td></tr>
<tr><td>角色二：销售业务管理
任务：日常客户开发与销售指导
销售进程管理与开发过程控制
日常销售行政管理</td><td>关系建立</td><td>团队管理经验（主要考察基本领导素质与技能）</td><td>管理过 20 人以上团队
管理团队期间业绩达到优良
时间跨度不少于 2 年
基本领导技能过关</td></tr>
<tr><td>角色三：人才梯队与组织能力建设
任务：团队能力建设
销售人员绩效辅导
销售团队文化建设</td><td>管理监控</td><td rowspan="2">销售管理经验（主要业务开拓、抗压能力）</td><td rowspan="2">独立开拓或管理一个区域
对于区域业务拓展有一定经验
做过“从零到一”
持续时间 2 年以上
业绩优秀</td></tr>
<tr><td>角色四：区域经营环境塑造
任务：省内重点关系建立与保持
省内品牌市场活动的组织与实施
危机事件处置</td><td>团队领导</td></tr>
</table>

二、面试指南

面试是招聘过程中的重要环节，相对于笔试和其他测试来讲，面试更加直观，面试结果也更接近候选人的真实情况，也是招聘者比较喜欢的方式。

面试不是简单的沟通，招聘者需要掌握相关的面试技巧，并配合一些辅助的工具和测试方法，才能保证客观、精准地识别人才。基于设定的人才标准，招聘者会根据其岗位要求选定候选人来企业参加面试。面试一般有面试的准备工作、实施、得出结果和评估等环节。

俗话说，不打无准备的仗。面试候选人前，面试官需要提前做好准备，包括熟悉候选人的简历、详细了解岗位标准和候选人入职后该岗位需要承接的 KPI（关键绩效指标）、问题清单等。

面试者提前准备好相关方向的面试测评问题如下：

专业知识、专业技能方向；

通用素质、文化价值观方向；

岗位标准 /KPI；

简历上不明的问题；

上一轮面试官反映的问题和测评提示的问题。

面试官还需要提前安排好面试的时间，注意初试和复试之间的时间衔接。时间如果过长，候选人一方面可能会觉得企业对自己不太重视，另一方面也可能会产生自己没有入职希望的错觉。

面试的环境要干净、整洁，还要安静，不被外界轻易打扰。气氛也不要过分压抑，否则会影响候选人对企业的印象和临场发挥。

在安排了很多人陆续参加面试的情况下，就要充分利用好候选人等待的时间，比如放上几本企业的宣传画册，让候选人对企业有进一步的了解，以免等得太无聊。面试结束后，如果条件和时间允许还可以带领候选人参观一下企业，再礼貌送别。

在沟通的过程中，面试官会按照预先准备好的相关问题对候选人进行提问，优秀的面试官可以通过适合的问题了解到候选人的相关信息，而不会引起候选人的反感，没有经验的面试官则恰恰相反。

面试不能仅凭感觉和个人喜好，也不能仅凭过往经验，面试官需要系统学习和掌握一些必备的职业技能，以客观公正地为企业选拔人才。

作为一名优秀面试官，应该具备如下基本素质：

有较为丰富的行业工作经验和识人能力；

掌握面试专业知识和技能，并熟悉面试实施流程；

熟知待招聘岗位的详细需求，熟悉企业的企业文化和发展规划；

亲和、友善、坦诚、公正，具备良好的沟通能力和敏锐的洞察力；

拥有平和稳定的情绪，能够驾驭面试过程，有时间把控力；

拥有心胸和格局，能够深入挖掘候选人的价值，让候选人充分自我展示。

识人是明，用人是智。作为面试官，其言行与企业的整体形象息息相关。切勿做出让候选人失望的举动，以免让候选人对企业失望。

1. 面试时间管理

面试过程中也存在“二八定律”，即面试中 80% 的时间应该是候选人在阐述面试官提出的问题，面试官大部分时间要注意倾听并观察。

如果说整场面试是 30 分钟的话，那么开场时间占 30 分钟的 5%，这个时间段面试官可以开场、暖场，做一下自我介绍和企业的简短介绍。接下来 80% 的时间是候选人应该重点把握的时间，包括自我介绍、行为能力沟通、答疑简历的不明确之处等。最后 15% 的时间是面试的收尾过程，常规来讲，面试官会询问候选人还有没有问题想要询问，并逐一解答，随后告知接下来的面试流程及安排，结束面试，对候选人表示感谢。

虽然企业内的相关用人部门给出了具体的用人需求，招聘者也根据企业的需求和自身的专业制定好了完整的用人标准，基本上有了所需人才的清晰画像，但对于面试官来说，怎样在一场平均只有30分钟的面试中，甄别出面试者与人才画像之间的匹配度呢？想要在短时间内快速了解一个人，面试官可以借助行为面试法。

2. 行为面试法

行为面试法是在1982年由简兹进行阐述的，它不太看重面试者的学历、年龄、性别、外貌等非言语类的信息特征，反而更侧重于探索面试者更深层的行为。行为面试产生的关键假设就是“过去的行为是预测未来行为的最好指标”，这主要是因为任何人的行为都具有一定的连贯性，在遇到类似的场景时，人们总习惯于和过去的行为模式保持一致。

行为面试法是根据面试者过去的工作行为来判断他的工作能力。也就是更加注重面试者过去的实际表现，而不是对未来表现的承诺。其三大关键因素是问题设计、STAR原则和逐层追问。面试中的STAR原则（图3–4）是面试官根据面试前准备好的问题清单，通过STAR原则对面试者的具体行为进行深入挖掘的有效面试方法。

面试后的管理和评估是面试环节中不可忽视的环节，在这个环节中，面试官也很容易犯一些错误。比如面试官会存在普遍的“像我偏见”，会对与自己有相同经历的面试者保持好印象，甚至高度评价；“晕轮效应”，面试者某方面特别突出，进而影响面试官对于其他方面的判断；“寻找超人”现象，即寻找各方面都完美的人。这些做法都不利于全面考察一个人的真实水平和工作能力。

面试官要不忘初心，应回顾一下企业最初设立的聘用人才标准，展望企业未来发展过程中该岗位需要承接的任务，再选取关键维度来进行判断。面试反馈应在1～2个工作日内完成，面试官要填写面试评价表，并将文件存档。

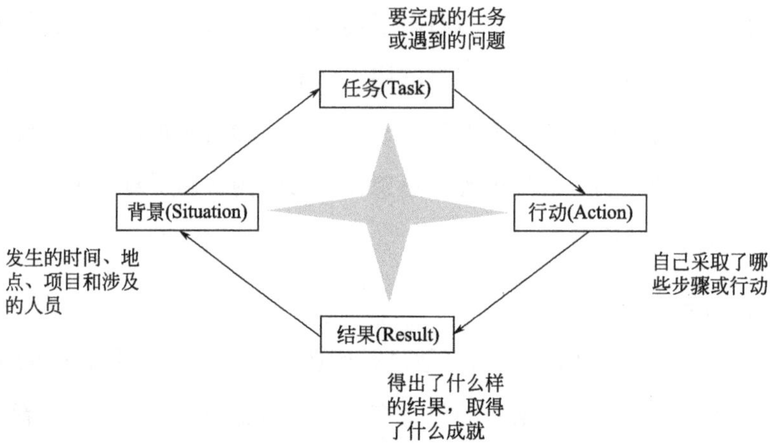

STAR 工具要素	阐述	面试要点
S Situation （背景）	①应聘者工作业绩取得的背景； ②关键事件发生时面临的情况是怎样的	明确具体发生的时间、背景、环境情况、机会和阻碍，完成本事件的人员构成、在事件中承担的角色等
T Task （任务）	①过去行为事件中任务的具体内容； ②欲达成的目标任务是什么	收集信息，分析问题，明确事件欲达到的目的与应聘者如何把握工作任务的关键点，了解应聘者的工作经历和经验
A Action （行动）	①应聘者为了完成这些任务当时采取了哪些具体行动； ②采取这些行动时是如何考虑的	了解应聘者采取了哪些行动； 了解应聘者如何处理关键事件和应对突发情况
R Result （结果）	①最终结果如何，是否达到预期目标； ②如未达成，是否有预案或应对措施	根据结果反向验证行动过程及措施方法； 未达成预期目标时，应聘者采取了哪些措施进行弥补或应对

图 3–4　STAR 原则

试用期期间对已入职的员工进行管理，从某种意义上来说其实是面试的延续，是招聘者和用人部门近距离了解一位员工是否适合该岗位的关键考察期。一般两周内制订试用期工作计划，最长不超过一个月。这是帮助新员工明确工作方向的最佳工作方法，也是试用期评估的黄金指标。转正前一个月进行试用期评估，确定是否继续聘用，具体考察项目如图 3–5 所示。

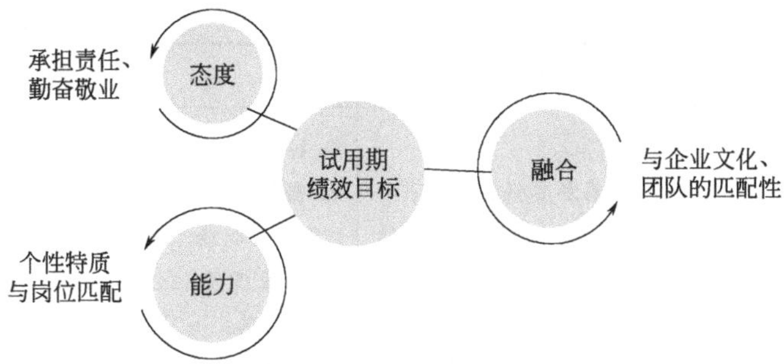

图 3-5 考察项目

第七节 人才测评

招聘工作看起来很简单，而实际上招聘者想要在短期内通过几次沟通和面试就全面而深刻地了解面试者，并不是一件容易的事情。

美国有一个机构，曾对企业内部提升经理的成功率进行了调查，结果发现采用领导推荐加人才测评的方法，提拔的成功率可以达到 78%，而仅采用领导推荐，其成功率仅为 37%。

在全球经济竞争日益加剧和强调人才为本的今天，越来越多的企业开始在招聘过程中应用各种专业化的人才测评方法，而这些方法的准确性和有效性也逐渐被大家认可。

H 集团采用的测评工具一般有三种：霍根测评、品牌企业测评产品、360 度测评，详见表 3-11。

表 3-11 H 集团的测评工具

序号	测评工具	测评内容	适用范围
1	霍根测评	1. HPI 测评； 2. HDS 测评； 3. MVPI 测评	1. 核心干部或重点人员的招聘评估环节； 2. 年度人才盘点； 3. 人才培养

续表

序号	测评工具	测评内容	适用范围
2	品牌企业测评产品	1. 基层胜任力测评； 2. 心理风险因素评估测验； 3. 管理层胜任力测评； 4. 高端领导力测评	1. 基层胜任力测评、心理风险因素评估测验：适应于社招、校招、一般岗位（无管理职能）的招聘评估和评估场景； 2. 管理层胜任力测评：基层或中层管理者评估； 3. 高端领导力测评：中层以上管理者评估
3	360 度测评	1. 上级评估； 2. 下级评估； 3. 平级评估； 4. 自我评估	1. 试用期人员； 2. 人才培养

第八节　人才库的建设

人力资源部门的招聘者一直奔波在为各用人部门招聘人才的道路上。很多用人部门都是在有用人需求的时候，才火急火燎地请人力资源部门启动招聘计划，导致招聘工作非常被动。一方面招聘者没有足够的时间来做详尽的需求分析，另一方面招聘周期无法具体把控，很容易导致用人部门与人力资源部门之间产生矛盾。

如何避免此类情况的出现呢？最好的解决办法就是在日常的工作中建立企业的人才库系统。人才库也叫“人才池”，它就像是企业人才资源的蓄水池一样，可以为企业源源不断地输入各项业务发展所需的人才。

企业为什么要建立人才库呢？其主要目的是适应企业战略发展要求，

建立起适合企业特色的“人才梯队”，为企业跨越式发展提供强大的人才支撑。

招聘工作最宝贵的是什么呢？就是日积月累的人才。人才信息的积累凝聚着多少HR、业务主管的时间与心血，它是企业的无价之宝，却常常被荒废在计算机的文件夹里，甚至还有一些企业根本没有建立人才库，日常的招聘工作成果就这样毫无价值地消失了。

优化企业人力资源配置，做好人才储备工作，建设好人才库，可以规避人才流失带来的多种风险，也可以让HR在接收到招聘任务时，第一时间在企业的人才库中搜索，查看是否有适合企业的人才，然后再利用外部的招聘渠道，让招聘工作有序进行。

一、人才库及人才分类

和招聘渠道一样，人才库一般也分为外部人才库和内部人才库。我们这里所说的企业构建人才库，主要指构建外部人才库。

为了保障企业人才梯队建设的顺利进行，也为了防止关键岗位上的人员离职给企业带来不可预料的损失，企业一定要把对于自身发展最为关键的五类人才，及时吸纳到企业的人才库中。

① 企业发展战略中急需的又很难替代的人才；

② 专业技能要求高的、在人才市场中又很稀缺的人才；

③ 具备支撑企业发展战略，能主持企业重大项目的人才；

④ 掌握核心技术，具备解决企业重大难题能力的人才；

⑤ 其他企业未来发展需要的关键性人才和基础性人才。

企业人才库人才分类的方式有很多，一般常见的分类方式是按照高层、中层和基层等企业不同层次的人才来进行划分，如表3-12所示。

表 3-12　企业人才库人才分类

层级	关键职位（范例）	备注
高层人才库	总经理	重点关注人才
	副总经理、总监	
中层人才库	中心经理、副经理	稀缺中层人才是人才库建设的重点
	部门经理、副经理	
	项目经理、产品经理	
	其他	
基层人才库	研发工程师	重点关注普通但是相对比较稀缺的人才
	各级主管	
	其他	

案例分享

H 集团通过构建相应人才库，实现了人才管理和共享，如图 3-6 所示。

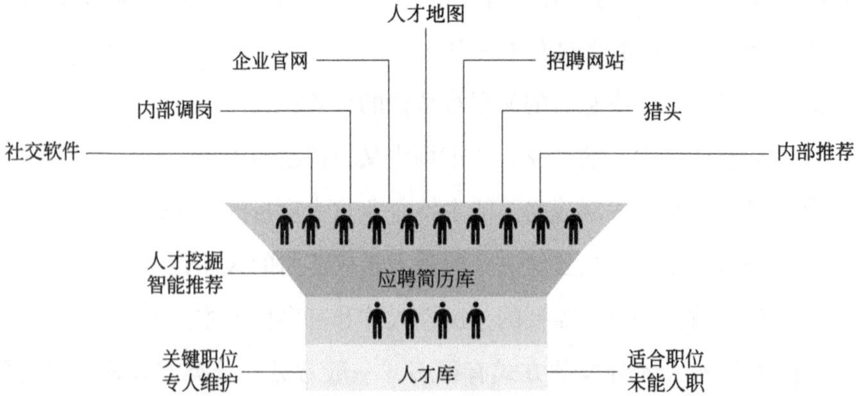

图 3-6　H 集团统一人才库

二、企业人才库的信息来源

企业获取人才信息的方式和渠道很多，比如常用的招聘渠道（网站搜索、猎头推荐）、员工渠道（内外部推荐）、行业论坛、行业会议等形式。

确定好获取人才的方向与具体需求后，接下来企业就要考虑人才获取的来源和路径等源头问题了。H 集团人才库建设主要通过以下几个方面进行。

① 信息系统人才库：依托信息系统人才库构建集团统一人才库，实现人才共享，按照板块、对标企业、储备人选等类别进行人才储存。

② 猎头人才库：通过猎头推荐的人员和猎头人才库，存储猎头推荐的两千多人的简历。

③ 人际网络人才库：通过信息系统人才库，对背景调查证明人的信息及联系方式进行统计，并形成背景调查人才库统计表，目前累计近五千条有效数据。

④ 内部推荐人才库：企业内部或外部人员推荐的人才库，目前内部推荐数据已积累近五百人。

三、科学利用并及时更新人才库

人才最容易更新迭代，人才库信息的有效性是需要定期维护的，而在企业有招聘需求时，也可以先通过人才库来筛选适用的人才，之后再通过其他渠道筛选简历。

人才库中的人才不是一成不变的，所以也要求人力资源管理部门定期进行数据共享和动态管理。其中一些主要的基础数据可以由企业人力资源部门的各个人员来负责维护，而新增加申请的人员则可以由各用人部门协助完成。

第九节　人才供应链建设

一、人才供应链建设的两个转变

人才供应链这个理念最早是由沃顿商学院的教授彼得·卡珀利提出的，其强调人才管理正面临着未来商业世界的变化，因此它的管理方式应该更加敏捷，而且要以业务需求作为主要导向，不断学习精益化生产的理念，以做到人才的无时差供给。

H 集团人才供应链建设从加速实现满足业务发展需要的人才供应链建设，向引领业务发展的人才供应链建设转变；向根据集团战略发展要求，推动业务变革的人才供应链建设转变。其模式如图 3–7 所示。

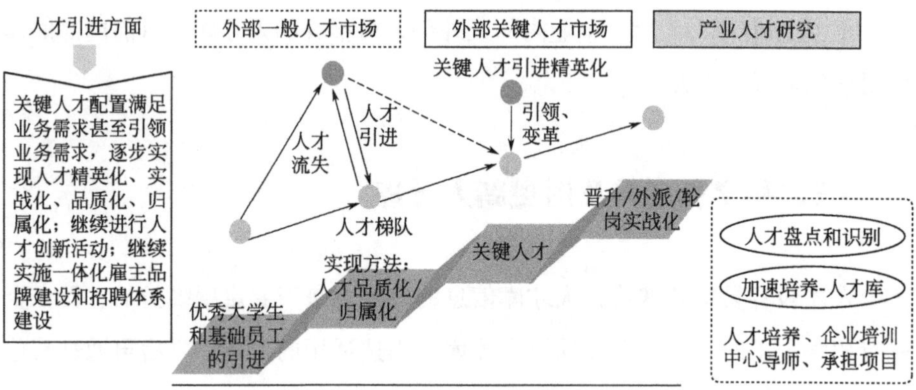

图 3–7　人才供应链模式

人才供应链关键人才、关键岗位配置要求精英化、实战化、品质化、归属化，关键人才的配置要求，如图 3–8 所示。

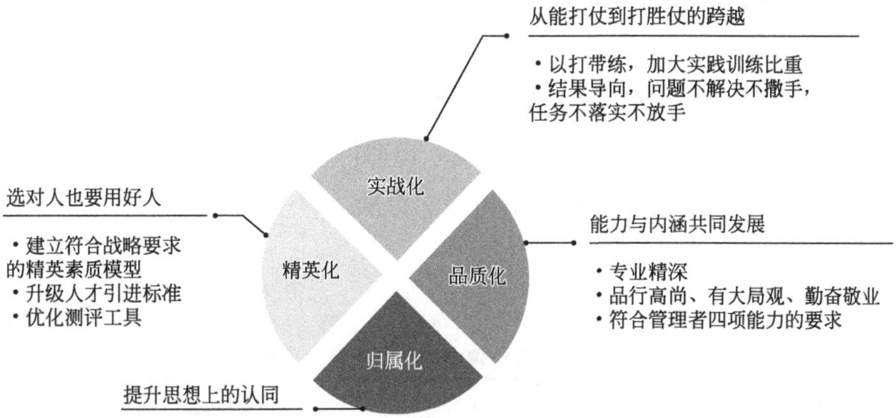

图 3-8　关键人才配置要求

案例分享

H 集团招聘工作要从传统的被动型招聘向主动型招聘转型，紧密关注行业动态信息与高端人才分布，在初步建立 33 家集团各业务板块对标企业动态捕捉能力后，进一步启动内部高端人才推荐渠道建设，研究创新型人才获取渠道拓展，策划并实施包括校园招聘在内的雇主品牌建设工作，确保核心人才引进。人才供应链的关键环节，如图 3-9 所示。

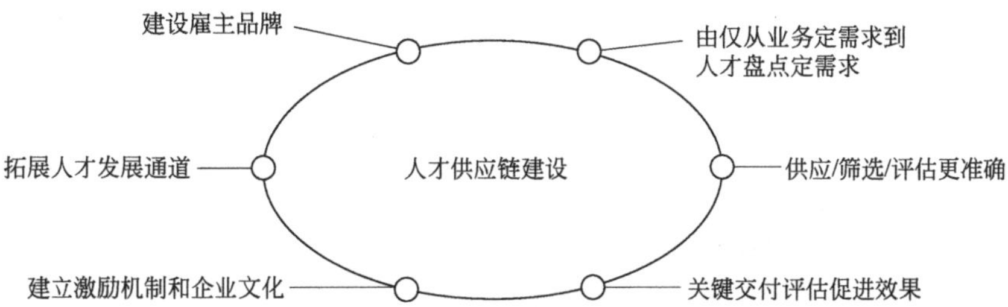

图 3-9　人才供应链的关键环节

二、精准招聘与改善措施

精准招聘，首先要明确人员需求和人才标准，将人才市场实际情况与人才标准进行对比分析，确定对标企业，由面试官进行科学评估，协助候选人快速融入组织，达成关键业绩指标。精准招聘中的问题点与改善措施，如表 3–13 所示。

表 3–13 精准招聘中的问题点及改善措施

关键环节	问题点	改善措施
人员需求	业务界定、岗位职责不清晰 业务需求变化频率高	以人才盘点后的人才标准 / 岗位说明书 / 招聘需求调查表为依据，清晰界定岗位职责 深入参与业务运营，通过参加重要会议等形式始终保持与业务变化同步
人才地图	人才需求与人才市场供给匹配度差	确定需求后，招聘人员首先要做的是行业分析与确定人才地图，然后与业务部门沟通现有人才市场供给情况，圈定比较明确的对标企业与人员范围，如果需求与市场供给严重不匹配，应及时调整人才需求条件
面试官能力	面试官专业结构化面试能力 面试官积分管理	以关键交付物为人才评价的主要依据，组织面试官培训，进行面试官认证，提升面试官水平 面试官采用积分管理，根据不同岗位实施不同积分，年终评选“金牌面试官”，同时实施红黄牌制度（备注：关于面试官的管理规则，后续会出相关方案进行征询意见）
背景调查	方式主要为对候选人提供的信息进行电话访谈，人员信息真实性、有效性难以把控	关键岗位采用多种形式进行背景调查，包含第三方机构，对候选人的现有人脉进行调查，甚至可以考虑到候选人工作过的企业进行实地考察并进行全面系统的背景调查（提前与候选人在背景调查授权书中确认）

续表

关键环节	问题点	改善措施
试用期融入与效果评估	入职融入不够 试用期考核标准不够明确 不合格人员淘换	关键岗位一周内完成新人介绍，并在重要会议上进行新人介绍，试用期期间，每月进行两次以上的正式沟通，了解新人在工作中遇到的问题并协助解决 按照绩效管理制度严格执行，严格做好试用期评估 关键岗位转正前进行360度测评，同时参照绩效红线管理办法，对不合格人员进行及时淘汰替换

三、精准招聘与改善措施——人才地图

人才地图分为内部人才地图和外部人才地图，我们重点看外部人才地图，需要掌握关键人才的分布、资历和背景、薪酬信息、动机等关键信息，一般包含行业信息、企业信息和人才信息。行业信息包括行业发展历程、市场容量、产品分类、发展现状、行业痛点、行业标杆；企业信息包括企业发展历程、企业产品、业务分布、组织结构、风云人物、商业行为、近期大事件；人才信息包括管理层姓名、管理层背景、招聘岗位情况。形成人才地图的六个步骤见图3–10。人才盘点和人才地图细则，见表3–14。

步骤1：行业分析	
如何做行业简要分析	
目前行业特点	行业未来发展趋势
1.行业特点与存在问题 2.整体市场容量及细分情况 3.行业政策	1.影响行业格局的重大因素 2.未来行业标杆预判 3.行业发展痛点与爆发点

图3–10

步骤2：锁定目标企业	
如何确定目标企业	
目标企业常见属性	目标企业来源
1.直接竞争对手 2.与企业产品的相近/相似、有可能在未来参与竞争的企业 3.与企业产品相关联的企业 4.营销渠道及方式、运营管理模式相近的企业 5.人员规模、市场体量相近的企业	1.向业务部门直接询问 2.根据目标企业常见属性自主分析寻找 3.搜集参与产品展会的企业名单 4.记录参加本企业面试的候选人过去所在的工作单位 5.通过面试人选进一步了解业务相近的企业

步骤3：确定人才基本画像

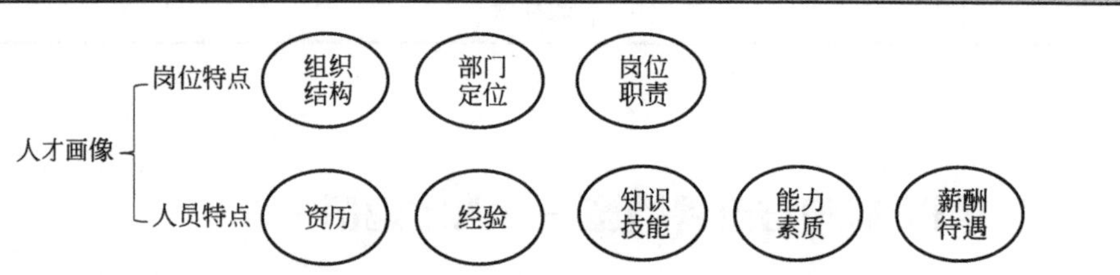

本企业 VS 目标企业

步骤4：选择招聘渠道，展开人才挖掘

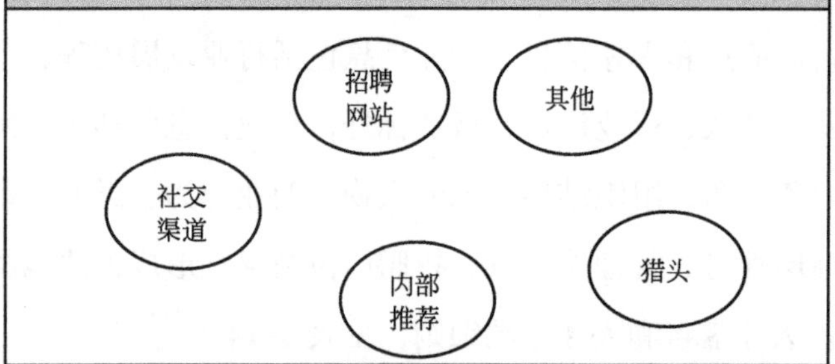

选择招聘渠道，确定挖掘人员，确定沟通频次，展开人才挖掘

步骤5：制定引进策略，破除障碍

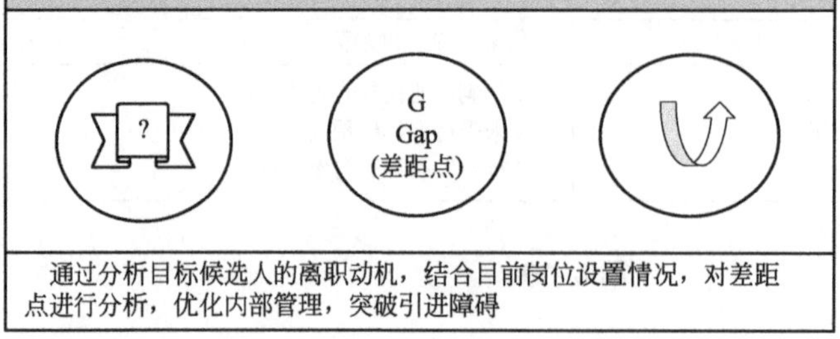

通过分析目标候选人的离职动机，结合目前岗位设置情况，对差距点进行分析，优化内部管理，突破引进障碍

步骤6：实施引进——全面把握质量、成本与交付周期

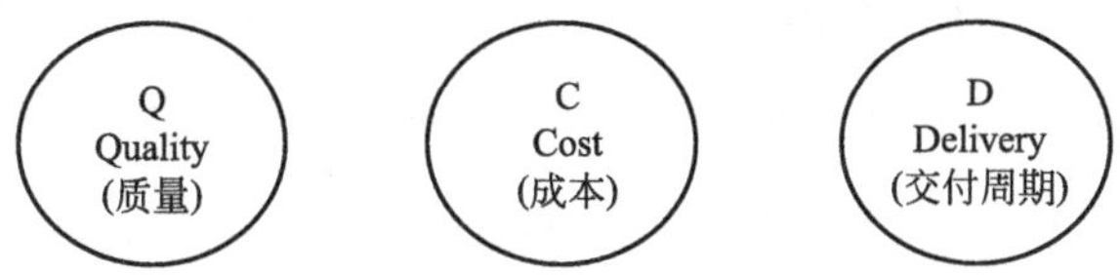

积极协调目标候选人与业务领导，保持高效沟通与反馈，确保招聘质量、成本与交付周期，积极推动人才引进

图 3-10　形成人才地图的六个步骤

表 3-14　人才盘点和人才地图细则

人才盘点

战略举措	关键岗位	人才标准	关键交付物（招聘计分表）

人才地图

人才画像	对标企业	人才搜索												面试评估情况	锁定候选人问题与解决方案
		岗位	姓名	出生年月	学历	过往经历	家庭所在地	离职动机	目前薪酬	期望薪酬	简历来源	联系方式	沟通情况		

四、激励机制

企业遵循人才、业绩、薪酬三者相互促进，形成良性循环的管理原则。一流的企业必须依靠一流的人才，才能创造一流的业绩。一流的业绩必须通过一流的薪酬给予驱动和支持，一流的人才只有创造出一流的业绩，才能获得一流的薪酬。

员工的持续性发展，是人才供应链的重要环节之一，我们通过对六大职位序列“双通道发展”模式的不断优化，进而实现企业发展与人才发展的双赢。人才发展通道如图 3-11 所示。

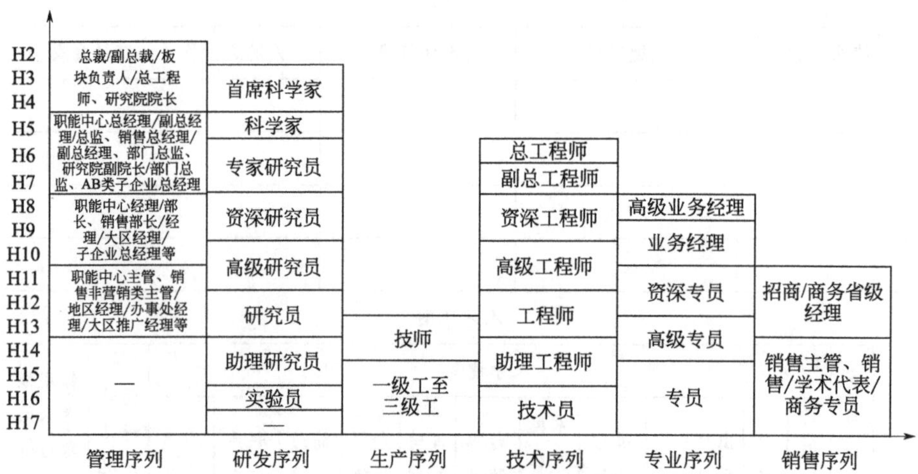

图 3-11 人才发展通道

五、雇主品牌建设——招聘接待指南

良好的雇主品牌不但对企业吸引人才产生良好的促进作用，同样也会对企业保留现有优秀员工具有重要意义。按照入职时间段来看，雇主品牌建设可以分为入职前体验、求职体验和入职后体验三个阶段，如图 3-12 所示。

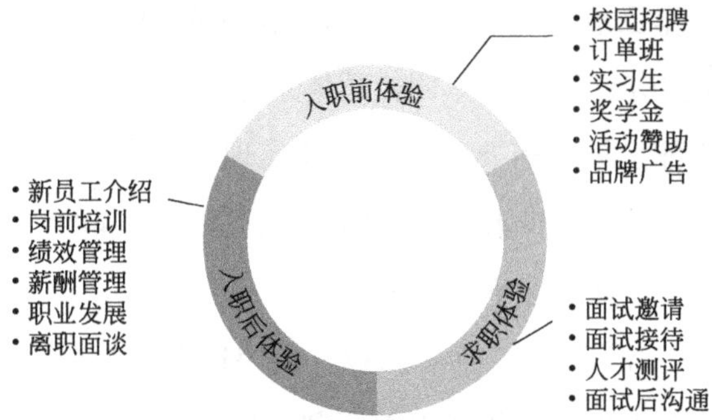

图 3–12　雇主品牌建设

为提升企业雇主品牌形象和录用成功率，改善招聘接待流程各个细节，特制定本指南（表 3–15）。接待流程主要包括面试前接站、住宿、用餐，面试等待期间陪同，面试后送站、参观企业、礼品赠送等环节。招聘接待分为三级：A 级为非常重要岗位；B 级为重要岗位；C 级为一般岗位（备注：各单位可根据岗位情况决定接待等级）。

表 3–15　雇主品牌建设指南

招聘接待等级	对接人	面试前接站		住宿		用餐		面试等待期间陪同	面试后送站		参观企业	礼品赠送
		安排车辆迎接	企业门口迎接，协助办理入门手续	协助预定、垫付	自行预定	外部用餐	内部用餐		安排车辆送站	协助办理出门手续		
A	人力资源部门负责人	√	√	√		√		√	√	√	√	√
B	招聘负责人		√		√		√	√		√		
C	招聘负责人				√		√					

备注：各单位可根据具体岗位情况，调节以上各个选项。

人才引进工作已成为企业人力资源工作的重中之重，既是痛点也是难点。例如“人才供应链”是H集团招聘体系建设的整体思路，招聘工作既要肩负满足常规业务发展的需要，又要肩负实现“两个转变”的使命。“两个转变”的重点在于“关键少数干部”的引进，关键干部的引进只有满足“四化”才能真正实现“引领业务、推动变革”。

“千军易得，一将难求”，面临新业务的快速布局，领军人才的重要性不言而喻。这时，人力资源工作者更需要理清招聘思路，从“人才需求确定－精准招聘－人才发展－人才激励－雇主品牌建设”入手，做好人才分析与储备，保证企业人才永不断层。

第十节　基于互联网大数据下的精准招聘

步入互联网时代，一切信息变得充满即时性、交互性、透明性与开放性。传统的招聘模式便日益显现出了自身的弱点和劣势。

面对迅速变化着的市场经济和人才结构，企业需要转变思维，对传统的招聘模式进行改进和创新。结合大数据产生的精准招聘，无疑是企业招聘发展的大趋势。在大数据的帮助下，HR获取信息的方式更加便捷，招聘也会朝着更加智能化、个性化的方向发展。

一、人才招聘变得透明化

传统招聘模式中存在着严重的信息不对称、招聘匹配度差、人才管理不规范等诸多问题，这明显与新时代下高效率的生产模式不匹配。

招聘部门更像是一个营销运营中心，塑造着企业的口碑和形象，要对企业进行创意性宣传，寻找符合目标的人才群体，用他们喜欢的语言方式，把企业的需求与发展前景介绍给人才群体，从情感上和职业规划上打动那些优秀的候选人，并让他们有强烈的欲望去传播分享，以实现人才招聘的目标。

随着人才管理规范化和人才储备专业化，在人才后续梯队的供应方面，未来的企业会做得更加规范，或许会聘请一些专业人才，专门负责建立人才储备信息库，一旦出现岗位空缺或企业发展需要即可招入，这样既提高了招聘速度，又降低了招聘成本。

二、大数据和招聘的完美结合

新时代背景下的热词“互联网 +”代表着一种新的经济形态。“互联网 +”就像一个巨大的磁石，各行各业都被吸纳和连接到互联网中，招聘工作自然也在其中。对于企业来讲，这是新的发展机遇，同样也是新的生存挑战。在网络和大数据的帮助下，企业必然会拥有更多的招聘渠道，这在很大程度上能够大幅度提升招聘效率，在最短的时间内，快速找到条件与企业适配的人才。

大数据是互联网时代的重要特征和主要凭证，大数据在招聘领域的作用日益明显，也在向我们传递着一个重要的信号，不管企业是否已经接受或者改变，利用大数据招聘的时代都已经到来了。

大数据的智能识别与智能推荐大大提升了人才与企业的匹配度。一般来讲，负责企业招聘的 HR 在招聘网站中的操作行为越多，平台系统推荐的人才与本企业的匹配度也就会越高。

招聘者还可以根据大数据对某个职位的分析，来预测招聘的结果和效果。比如同行业招聘到此类人才的时间是多久？当下什么领域的职位最难招？哪个渠道更容易招聘到人才？招聘者可以通过大数据的分析，来构建自己对招聘效果的预测模型。

案例分享：人际网络建设

H 集团为储备更多的关键人才，通过多种渠道搭建人际网络，寻找更优质的人才。

人际网络建设有以下三种方式。

方式一：重点岗位招聘台账。

对集团领导面试过的所有重点人员进行台账管理，按周进行总结、汇总，导入到信息系统人才库，标签为重点储备类人才。

方式二：背景调查表信息化（维护背景调查人同级、上级信息）。

通过背景调查实现企业人才网络构建，实施途径为通过信息系统人才库更新候选人简历，得到上级及同事的信息及联系方式；通过第三方背景调查公司获取候选人其他上级及同事信息。

方式三：行业协会及展会。

选择性参加医药行业协会、研讨会、沙龙、药师会等会议，以便认识并获取行业优秀人才的联系方式，建立各自的人脉圈，如政策研讨会、工业技术年会、医保等大型会议、医药工业技术年会、智能大会、API 展等；重点人才录入人才库，标签为“行业资源人才”。

三、HR 招聘将上演“凤凰涅槃”

大数据时代的企业在不断地经历着整合和优化，而作为企业的招聘者，也是几家欢喜几家愁。网络时代的大数据可以说是一把双刃剑，用得好的企业可以迅速吸纳和积累各种人才信息，建立起优质的人才供应链，用得不好的企业，会产生很多意想不到的负面效应。

很明显，企业的招聘工作也已经来到“互联网 +”的风口上。大数据时代下的人力资源行业势必会出现两极分化的状况。或许在一定程度上，未来企业之间的竞争会转变为数据的竞争，谁能掌握到更多的数据就能获取更多的先机，拥有更强的整合能力，从而在商业战争中脱颖而出。

机遇与危机并存，在不远的未来，招聘者需要面临更多的考验和更多的发展机遇，新的变化或许能把人力资源部门的 HR 从招聘的“黑箱”里解救出来，或许他们要面临更大的竞争，作为企业人力资源部门的优秀招聘者，你准备好迎接新的挑战了吗？希望每个企业的招聘者，都能成为勇攀职场珠穆朗玛峰的卓越招聘官。

案例分享：产业人才报告

H 集团未来发展将立足于现有主营业务，不断开拓、布局新的业务领域，有些新领域对于 H 集团，甚至对整个国家来说都是新兴产业，这对人才供应链建设提出了极大挑战。如果企业的人才引进想要从满足现有业务发展需要，向引领业务、推动变革方向转变，就必须对集团想要布局的产业进行前瞻性了解与研究，需要对新的产业人才特点有比较深入的了解。

第四章　企业培训中心

H集团的培训以培养优秀人才为目标，以传播企业文化和管理方法为抓手，以能力建设为核心，长期关注员工的成长与发展。致力于通过思维模式的突破带动行为结果的改变，通过内驱力促进人才学以致用。培训工作是在“721培训体系”的核心理念指导下，以企业培训中心为载体，有针对性地开展分层分类的培训。

第一节　企业培训中心基本概念

一、什么是企业培训中心

企业培训中心，又称教育培训部，通常是指企业出资，立足于培养企业内部各个层级的人才和企业供销合作者，以企业中高级管理人员、专业的内训师为主，外部优秀讲师资源为辅，通过知识讲授、案例研讨、互动教学、实战训练等手段，满足各方人才终身学习的一种培训体系。

企业培训中心是时代发展的产物，全球第一所企业培训中心是成立于20世纪50年代的通用电气公司克劳顿学院。此后，企业培训中心在全球各地如雨后春笋，尤其是20世纪80年代后迅猛发展，到21世纪的第一个十年，已经有接近 4000 所企业培训中心，世界 500 强企业中超过 80% 的企业拥有或者正在创建企业培训中心。而创建企业培训中心的企业往往盈利能力远比没有企业培训中心的企业强。所以说，一家优秀的企业需要一所企业培训中心。

二、学习理念

思想有多远，人类就能走多远。对企业来说，员工的思想影响着企业的发展。一个企业的员工如果思想僵化，那么这个企业将很难适应时代发展潮流，最终将会被淘汰。而如果企业员工乐于学习，拥有学习理念，那么企业将拥有源源不断的人才资源，就能在残酷的市场竞争中脱颖而出。

因此，学习理念是每一所企业培训中心要慎重对待的要事。“乐学善思，学以致用”是 H 集团的学习理念。

学习如此重要，那么企业培训中心应该如何来建立培训体系，帮助员工学习呢？ H 集团的企业培训中心采用了“721 培训体系”（图 4–1），通过“OJT”的方式为员工更好地胜任工作赋能。

“721 培训体系”中，70% 指“OJT 在岗培训”，20% 指短期外部培训，10% 指中长期在职上学。

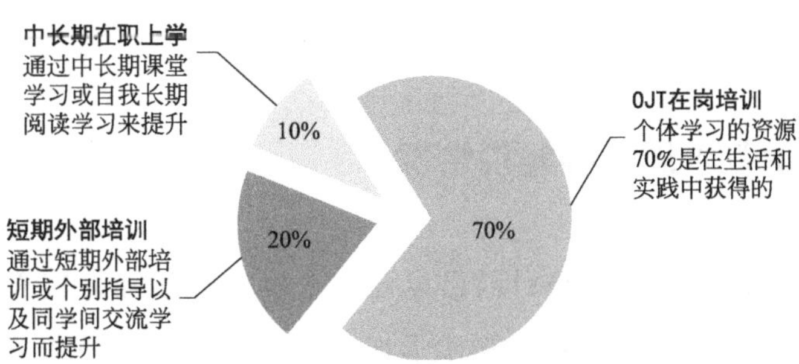

图 4–1　721 培训体系

“OJT 在岗培训”是“On The Job Training”的缩写，是指在工作上，上司以及经验丰富的老员工对新员工、普通员工在日常工作中对必要知识、技能、工作方法等进行指导培训的一种培训方法。它的特点是现场讲解、指导，员工可以一边学习一边实践，遇到不懂的地方可以随时问，操作出现失误时，上司及老员工可以现场纠正。

其优点是，双方都在工作时间内完成学习，无须投入更多的精力、时间以及费用，还能实现教学相长，是最直接、最有效的培训方式之一，既能很好地满足企业的实际需求，使员工学以致用，又能体现企业的人文关怀。

其缺点是，如果负责培训的人不善于教学，那么效果可能会大打折扣，而一旦业务繁忙，负责培训的人很容易顾此失彼，甚至敷衍了事。所以需要企业及培训负责人认真规划、合理安排，保证工作和学习的资源投入。

企业培训中心的“721 培训体系”和“OJT 在岗培训”，不仅使员工的职业技能得到大幅提升，更传播了企业的正向价值观，有利于塑造诚信、责任、协同、共赢的企业形象。

第二节　培训体系建设

一、企业培训中心建设情况

H 集团的企业培训中心目前已经建立了以管理学院为核心的五个培训平台和四个培训管理体系。初步形成了对集团人才发展和培养的支撑系统。

二、统筹管理

1. 企业培训中心

H 集团的企业培训中心上接战略下接绩效，根据企业战略和业务发展需要，通过五大学院的有力支撑，紧紧围绕着四大体系开展工作（图 4–2）。需要注意的是，培训评估体系与五大学院的发展对企业来说至关重要，统一由企业培训中心管控，以便做到对五大学院整体管理。通过四大体系，企业培训中心能够随时掌握五大学院的情况，如了解年度培训计划实施进度、企业培训中心整体资源的整合调配、课程满意度情况等。

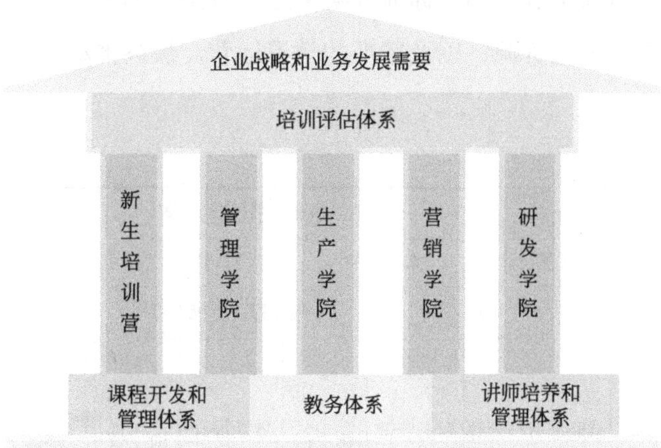

图 4–2　五大学院和四大体系

2. 管理学院——企业培训中心的核心

管理学院主要负责制订集团级培训计划，其他学院负责制订管辖范围内企业级培训计划，部门负责人负责制订部门级培训计划。

3. 统一培训课程

统一培训课程指的是企业培训中心根据课程体系要求统一进行管理，如编辑教材、处理档案、课件安排等，对教材、讲师备案、课程上传、课程评价及课程周边服务也实行规范化管理；对于培训的具体实施方案，各学院拥有自主权，可以自行安排开展。

4. 在线企业培训中心

云时代，企业经营面临严峻的挑战，组织学习变得尤为重要。在线企业培训中心对上承接战略，根据企业人才发展需求，结合能力素质模型，以课程为核心，基于移动平台，辅以学习项目设计、系列项目打造、分层分级培训，结合人才测评、在线社群运营等多维度的运营和学习方式，支撑企业人才系统性、规模化持续发展。

在线企业培训中心采用“标准方案＋定制方案”的方式，结合精心的项目设计，丰富的案例资源，以及精准的学习运营，最终推动学习达到培训目标效果（图 4–3）。

图 4–3　统筹管理系统

标准方案指依据能力素质模型和企业对管理者的能力要求，满足各层级人员的系统性管理学习。定制方案指根据战略对人才培养提出的要求，重点定制针对性课程，深入学习。项目设计指的是企业根据培训需求来进行课程、培训人员、培训形式等整体培训设计。案例资源指基于典型案例分析，让学员掌握应用方法及用工具解决实际问题。学习运营这项工作在在线培训中非常重要，在线培训因为缺失了线下培训的互动真实体验，更加迫切地需要通过培训前中后的学习体验运营，提高学员黏性，使其成为提升培训效果的抓手。O2O 落地是把线上培训的收益，应用到解决线下实际工作的问题中，能帮助员工和团队达成绩效。

优质的课程资源是在线企业培训中心的核心。对于课程内容，本章节后续内容中有详细的介绍。

工具方面，在线企业培训中心开发多种终端进行同步学习，支持电脑端和多种移动终端，便于学员选择适合自己的学习终端，为培训扫清障碍。

在线企业培训中心将线下培训转移到线上，确保了在无法开展线下培训时员工能持续学习，也确保了企业培训计划的实施和目标的达成。

第三节　内训师培养和管理体系

内训师对企业有着重要的价值，对企业来说，通过培养内训师和管理内训师，能够将各级员工的知识财富、经验等挖掘出来并沉淀，让隐性知识显性化，能为企业员工提供经验，让企业新员工更快地学习知识、经验、技能，进而适应企业岗位，提高效能。简单来说，内训师能为企业带来系统的现代管理知识和技能，能为企业带来极为可观的附加价值。可以说，内训师是企业价值观的传播者、岗位技能的传授者、人才培养的践行者。

一、内训师工作职责

企业内训师是企业培训师的一种，但又与企业培训师不同，它指的是为企业内部员工进行培训的授课老师，一般是由企业的骨干人员担任。其最大的特点是他们从工作中来，熟悉企业文化，能为本企业的培训量身定做课程。

既然内训师关系着企业文化建设，影响着企业的发展，那么内训师的主要工作职责有哪些？具体而言，主要工作如下。

① 授课：根据企业培训中心的战略需求及教务组的安排，承担授课任务。

② 建库：听从教务组的安排，协助建立讲师库、课程库、案例库、培训游戏库及供应商基本信息库等软性资源库。

③ 项目设计：根据企业培训中心的各种培训需求进行课程开发与设计，包含培训标准教材、辅助材料、案例及游戏、课件、试卷及标准答案等，并定期更新以上资料。

④ 考核：负责培训学员考核工作，通过培训后阅卷、后期培训跟进，达到预期的培训效果。

⑤ 培养新人：担任新任内训师的选拔、培养和指导工作。

⑥ 保密：企业培训中心的培训内容大多是商业秘密，内训师要遵守相关制度，遵守保密要求。

⑦ 遵守规章制度：在未经教务组书面授权的情况下，不得在企业外部以有偿或无偿形式讲授企业培训中心的课程。

二、内训师管理体系

内训师是企业宝贵的财富，如何管理内训师，使其发挥最大效用则显得尤为重要。建立内训师管理体系是行之有效的方法，以下我们将从四个方面来简单介绍内训师管理体系。

1. 内训师分级

对内训师分级以便于管理，但是每个企业情况不同，分级不能照抄照搬，或者硬性一刀切，而应当根据企业需求以及内训师任务的重要性等指标来划分。以下介绍 H 集团的内训师分级。

该集团将内训师分为三个等级，即初级内训师（H11 及以下）、中级内训师（H10 ～ H5）、高级内训师（H4 及以上）。等级评定以每年培训时长、学员满意度、课程难度为主要考核指标，每一个内训师在每次培训后都会获得相应的评分，人力资源部门根据培训时长及满意度调查得分对内训师打分、评估，从而定级。

具体而言，初级内训师想要升级为中级内训师，那么他必须满足三个条件：年度授课时长 10 小时以上、满意度调查平均分在 90 分以上，讲授开发难度很大的课程（基于大量非企业现有素材）。而如果中级内训师年度授课时长低于 10 小时或年度课程满意度调查平均分低于 80 分，那么人力资源部门会将其降为初级内训师；高级内训师情况也一样，如果他的年度授课时长低于 10 小时或年度课程满意度调查平均分低于 80 分，也要被降级处理。

2. 内训师管理办法

（1）奖评机制

企业培训中心有自己的奖评机制，一是在每年教师节举行表彰活动，对为企业辛苦工作的内训师们表达感谢之意，二是在学员们的毕业典礼前对内训师的授课情况、评级情况进行总结。

（2）选拔流程

内训师的来源是企业内部，企业内训师对全企业开放，但不是谁想当内训师就可以当，而是有严格的选拔制度。只有那些熟悉企业文化、技术娴熟、业务能力突出的员工才适合当内训师。对于有志于当内训师的企业员工，企业应当鼓励支持，而员工也可以主动向人力资源总监申请。每个企业的选拔流程各不相同，下面我们将以 H 集团为例，简单介绍其内训师选拔流程。

① 教务组下发选拔内训师的通知。

② 企业培训中心各学院相关负责人负责通知、组织报名，同时负责传达内训师选拔精神，鼓励员工竞聘，让报名员工填写内训师自荐 / 推荐表，并上报。

③ 教务组根据内训师申报的实际情况，对申报人资格进行初步审核。

④ 确定初审后，请入选的初审内训师试讲，人力资源部门根据试讲得分及评审小组意见，整理出合格人员名单，上报集团高管审批。

⑤ 试讲不合格者和高管审批未通过者，人力资源部门将其列入后备讲师资料库，次年可直接进入试讲环节。

⑥ 教务组对试讲通过的内训师进行集中培训，培训结束后进行培训考核，考核合格者进入聘用环节。

（3）内训师聘用

通过集中培训和考核的内训师将获得认证资格，经过企业培训中心领导审批，教务组考核合格后，由教务组统一颁发聘任证书，并颁发相应级别的内训师资格证书。

目前 H 集团企业培训中心内训师共计 90 余名，内训师不归属于任何学院，而是企业培训中心统一管理，统一认证，进入企业培训中心内训师库，五大学院共享共用。他们走上岗位，致力于为企业培养人才，企业自然会给予相应的薪酬待遇，未经企业培训中心认证的则不按本规定执行。

3. 内训师授课管理

（1）培训组织与实施

① 授课时间：内训师要严格按照人力资源中心 / 人力资源部门的培训计划来教授课程，如果因自身原因无法按时授课时，需提前 3 天上报，人力资源中心 / 人力资源部门另行安排。

② 会课：如果内训师教授的是企业培训中心统一的标准化课程，那么内训师无须在开课前会课；但是，如果是非标准化且是首次讲解的课程，那么内训师就要按照规定，于开课前 3 天进行会课，会课由人力资源中心 / 人力资源部门、受训部门代表共同参加，并反馈听课意见，内训师要根据反馈意见对课程进行优化。

③ 培训确认：人力资源中心 / 人力资源部门会根据培训安排提前发布培训通知，内训师至少要提前 1 天与人力资源中心 / 人力资源部门确认培训场地、所需设备、是否试讲等信息。

④ 授课：培训过程中，内训师要根据学员的实际情况来授课，注意控制课程的进度，维持课堂纪律，调动学员学习情绪，加强互动，确保培训取得良好的效果。

（2）培训评估与效果跟踪

培训结束后，学员要对内训师和课程进行评价，表单由人力资源中心 / 人力资源部门收集、统计分析、留档备案，并根据分析结果反馈给内训师，便于其完善改进。

课程结束两周内，培训师要与培训学员或培训学员的领导进行沟通，了解培训效果，以改进课程。

（3）内部课程开发管理

企业培训中心根据企业发展所需来构建培训课程体系，主要分为通用类、专业类、管理类、技能提升类、项目类，以及其他类（良好生产规范、安全培训等），人力资源中心 / 人力资源部门要综合考量，调集内训师资源阶段性地开发课程，并将标准课件和相关试题存档。

4. 年终评优

（1）评优规则

每年 1 月份，人力资源中心 / 人力资源部门会根据规章制度对内训师组织年度考核评定。年终考核项目主要包括四部分：年度授课课时总数、讲师评价平均分、课程开发数量、课程评价平均分。每部分单项满分为 100 分，按照本年度实际完成情况给予评分。

① 年度授课课时总数：内训师授课时间按授课课时累计，超额完成按照完成率得分，此项占年度考核评分权重的 5%。

② 讲师评价平均分：根据内训师年度授课所得评价平均分来统计，此项占年度考核评分权重的 30%。

③ 课程开发数量：根据年度培训计划分解任务，内训师需在本年度内严格按照计划完成相关课程开发，超额完成一门课程开发并完成授课，给予单项加 10 分的奖励，此项占年终考核评分权重的 30%。

④ 课程评价平均分：根据内训师年度授课课程评价平均分来统计，此项占年度考核评分权重的 35%。

（2）评价细则

H 集团企业培训中心内训师年终评优评分细则，见表 4-1。

表 4-1　评分细则

姓名		部门		
职务		内训师等级		
评估类别	单项得分	权重	加权得分	单项加分
年度授课课时总数		5%		
讲师评价平均分		30%		
课程开发数量		30%		
课程评价平均分		35%		
总分		同等级排名		

备注：课程评价即培训满意度调查表的总得分，讲师评价是培训满意度调查表中讲师评价的得分。

（3）奖励办法

企业培训中心制定了奖励办法，对优秀的讲师进行奖励，奖励包含物质奖励和非物质奖励。物质奖励以现金红包的形式分三档发放，非物质奖励主要有职位晋升、评优、外派培训等。

第四节　课程开发和管理体系

企业培训的战略化、职能化、专业化离不开高质量的课程，更离不开配套的教学设计。教学设计是企业培训中心的灵魂，课程质量则是底线要求。企业培训中心基于高质量的课程，才能培养出优秀的人才。

开发高质量的课程已经成为企业培训中心的共识，各所企业培训中心高度重视课程质量，纷纷加大投入，围绕准确定位的培训需求开展课程研发。由于各个企业战略目标不尽相同，因此课程开发自然没有统一的标准，适合企业员工的课程就是好的课程。以下就 H 集团企业培训中心的课程开发和管理体系做简要说明。

该企业培训中心高度重视课程开发，以企业战略所需为出发点，投入巨资，组织内训师等优质人才开发课程。开发出来的课程由企业培训中心统一管理，各个学院共享。此外，企业培训中心还鼓励内训师等优秀人才开发课程。

1. 课程开发

通常情况下，课程开发是内训师在本职工作之外的事情，需要花费大量时间和精力来打造符合企业所需的精品课程。由于内训师耗费很多个人精力与时间，因此人力资源部门会根据情况来发放课程开发费。

课程开发是严谨的项目，企业需要设置一套完整的评判标准。通常来说，课程开发分为两部分，即课程内容的开发和课程 PPT 的设计。一套课程可以用星级来评判，一星代表该课程内容可讲性强、文笔流畅、通俗易懂，PPT设计风格统一、配色和谐、简单实用。三星课程代表该课程逻辑清晰、内容合理、案例丰富，PPT设计素材丰富，与课程内容紧密相连。五星课程代表该课程主题新颖，具有创新性，PPT设计风格创新、有效结合音视频等元素、生动有趣。

2. 授课

对企业来说，内训师授课是一件三赢的好事。于内训师而言，通过授课能够不断扩充自己的知识，提高自己的讲课能力；于参训人员而言，通过参加培训，能够较快地熟悉企业文化、工作岗位，以及掌握一些岗位所需的技能与知识；于企业而言，内训师培训能为企业培养源源不断的人才。

为了更好地激励内训师，并不断提升授课水平，企业培训中心可以根据内训师授课情况制定课时费标准依此来发放课时费。H集团课时费的基本课酬计算方式为“等级基本课酬 × 系数，1课时 =1 小时”。系数以培训满意度调查为依据，执行标准见表4–2。

表4–2　课时费系数执行标准

培训满意度	系数	实际课酬
98分以上（含98分）	1.2	基本课酬 ×1.2
90～98分以上（含90分）	1	基本课酬 ×1
80～90分（含80分）	0.8	基本课酬 ×0.8
70～80分（含70分）	0.6	基本课酬 ×0.6
70分以下	0	基本课酬 ×0

第五节　培训评估体系

培训的目标是通过学习和人才发展，使组织能够获得最大程度的绩效改善。通过培训评估体系，促进培训负责人在培训设计之初就思考如何让培训产生效果，并将培训转化为商业价值，并在培训结束后及时进行评估，以期不断改进和发展。因此，建立培训评估体系势在必行。

一、四级评估体系

市面上有各种培训评估体系，企业培训中心应当根据组织的实际情况来建立评估体系。以下我们介绍 H 集团使用的四级评估体系。该培训评估体系是由美国著名培训专家、威斯康星大学教授柯克帕特里克于 1959 年提出，后来被广泛运用于世界各地的企业培训。该体系分为反应评估、学习评估、行为评估、成果评估四个层面，从评估主体、评估内容、评估方法、评估时间四个维度进行，从而得到学员对培训项目的综合评价，详见表 4–3。

表 4–3　培训评估体系

层次	评估主体	评估内容	评估方法	评估时间
反应评估	学员	衡量学员对具体培训课程、讲师与培训组织的满意度	填写培训满意度调查表	课程结束时
学习评估	培训主办单位	衡量学员在培训知识、技巧、态度等方面的学习成效	笔试（开卷 / 闭卷）、撰写培训心得报告、现场提问（口试）、现场模拟操作、学习分享	课程进行时 / 课程结束时
行为评估	学员的直接主管	衡量学员的行为改变是否是因为培训	问卷调查、行为观察、访谈法、360 度评估	三个月或半年以后

续表

层次	评估主体	评估内容	评估方法	评估时间
成果评估	学员的部门主管／培训主办单位	衡量培训给企业的业绩带来的影响	个人与组织绩效指标、生产率、缺勤率、离职率、成本效益分析、组织气候等资料分析、绩效评估、客户与市场调查	半年、一年后企业绩效评估

优秀的培训需要有明确的目标和清晰的流程。系统性的、有规划的学习比零散的、暂时性的学习能够更好地实现培训目标以及培训效果转化。所以在培训之前，必须明确培训目的、确定培训项目的特点，因为只有定位准确、目标明确，培训方能有的放矢，内训师方能就企业所需的培训痛点进行有针对性的培训，这样学员才能有针对性地学习，提升技能和能力，进而取得培训效果最大化。

培训结束后，通过学习评估机制来检查培训效果非常重要。学习评估机制多种多样，包括笔试、现场提问、现场模拟操作、撰写培训心得报告、专项主题汇报等方式。

第一层次的评估，反应评估。这种评估方式相对简单易行。培训前，围绕调研重点制定一份满意度调查表（图 4-4），待培训结束后，邀请学员参与调查。就培训的讲师、培训项目、培训教材／设施／服务、总体评价，以及调研结果进行分析统计。将结果反馈给内训师，以便后期对培训做出适当的调整与改进。为了收集完整的信息，以做出相对准确的判断，会务人员也应尽量促使学员完整填表，做好培训项目的收尾工作。当然，为了尊重学员和讲师的隐私，学员可以选择匿名填写培训满意度调查表。电子问卷能够缩短填写时间，提高统计效率，是值得提倡的好办法。

<table>
<tr><td colspan="6">培训满意度调查表</td></tr>
<tr><td colspan="6">亲爱的学员：
请您在认为合适的等级栏中打上“√”，对您的合作与支持，我们表示衷心的感谢！为了如实地得到大家的宝贵意见，您可以选择匿名填写。
培训课程名称：
姓名：________ 部门：__________ 职务：__________</td></tr>
<tr><td>一、对讲师的评价</td><td>很满意</td><td>满意</td><td>不置可否</td><td>不满意</td><td>很不满意</td></tr>
<tr><td>教师姓名______ 课程名称______</td><td></td><td></td><td></td><td></td><td></td></tr>
<tr><td>1.讲师的专业知识水平</td><td></td><td></td><td></td><td></td><td></td></tr>
<tr><td>2.讲师的个人风格和授课方式</td><td></td><td></td><td></td><td></td><td></td></tr>
<tr><td>3.讲师讲述的内容和案例生动恰当、有说服力</td><td></td><td></td><td></td><td></td><td></td></tr>
<tr><td>4.讲师的课堂组织与掌控能力</td><td></td><td></td><td></td><td></td><td></td></tr>
<tr><td>5.讲师解答学员问题的能力</td><td></td><td></td><td></td><td></td><td></td></tr>
<tr><td>6.对讲师的意见________</td><td></td><td></td><td></td><td></td><td></td></tr>
<tr><td>二、对培训项目的评价</td><td>完全同意</td><td>同意</td><td>不置可否</td><td>不同意</td><td>很不同意</td></tr>
<tr><td>1.培训项目的时间安排合适</td><td></td><td></td><td></td><td></td><td></td></tr>
<tr><td>2.培训项目的课程内容、培训方式令人满意</td><td></td><td></td><td></td><td></td><td></td></tr>
<tr><td>3.我能听懂并能理解课程的大部分内容</td><td></td><td></td><td></td><td></td><td></td></tr>
<tr><td>4.这次培训将有助于我今后的工作</td><td></td><td></td><td></td><td></td><td></td></tr>
<tr><td>三、对培训教材、设施、服务的评价</td><td>完全同意</td><td>同意</td><td>不置可否</td><td>不同意</td><td>很不同意</td></tr>
<tr><td>1.培训使用的教室环境情况良好</td><td></td><td></td><td></td><td></td><td></td></tr>
<tr><td>2.对培训使用的教学设备设施感到满意</td><td></td><td></td><td></td><td></td><td></td></tr>
<tr><td>3.对组织工作感到满意</td><td></td><td></td><td></td><td></td><td></td></tr>
<tr><td colspan="6">四、总体评价
1.课程中我最大的收获是________________
2.对于本次培训，有哪些部分是做得好的____________
3.对于本次培训，有哪些部分是需要改进的____________</td></tr>
</table>

图 4–4 “培训满意度调查表”示例

当然，培训效果评估方法很多，企业不必拘泥于上述方法，还可以根据自身培训项目的特点选择评估方式。

第二层次的评估，学习评估。该评估方法是当前业界最常见且最常用的一种评估方式，主要目的是评估学员对培训内容的理解和掌握度，比如对培训相关工作原理、岗位技能的理解与掌握等。学习层次评估的方式多种多样，可以采用笔试、实际操作、工作模拟等方式。培训组织者借助书面考试、现场操作等方法来测试学员的理解与掌握程度，通过培训前和培训后的知识技能测试结果比较，来了解学员的掌握程度。

第三层次的评估，行为评估。行为评估指的是在学员培训结束后的一段时间里，与学员接触较多的人员，如上级、同事、下属或者客户对该学员的行为进行观察，确认学员培训前后的行为是否发生变化，是否在实际工作中运用培训所学的东西，主要考察学员的知识运用程度。行为层次评估是评估培训效果最重要的方式。企业可以通过正式的测评或者不正式的测评来考察学员，比如组织学员对自己培训前后的行为进行自评，组织与学员接触较多的人员对学员培训前后的工作行为变化进行评分，企业再根据所得结果对比，进而判断学员是否学以致用，以及知识、技能运用的程度。

第四层次的评估，成果评估。成果的评估指的是企业判断培训是否能够为企业带来好处，能否助力企业战略的实现，主要是计算培训所产出的经济效益。跟前面几个层面评估不同，成果评估考量的不是学员，而是企业组织效率，要解决的问题是“培训究竟为企业带来了哪些影响”。这一阶段的评估难度最大，问题最多，但对企业而言也较有价值。企业可以从生产效率、事故发生率、员工离职率，以及客户满意度等维度来考量培训成果。

此外，还有人对四级评估体系进行“升级”，发明了第五层次培训评估，即投资报酬率评估。虽然很多企业高度重视培训，将其当成投资而不是消费，希望能锻造出适应企业发展的“铁军”，但是当今市场竞争激烈，人才流动率较高，企业投入大笔经费来培养人才本身就是一种负担，而且不一定能为企业战略的实现培养精锐的人才梯队，也有可能为他人做嫁衣，因此企业要慎重对待培训。企业应当对投资报酬率进行评估，具体而言，培训要与企业战略目标相协调，要与企业生存、发展的需求紧密相连，如此一来，才能取得良好的培训效果。

二、学分制

近些年来，学分制在企业培训中心的培训中非常盛行。学分制为什么被企业培训重视，这就要从学分制的历史说起。

学分制并不是首创于企业培训，而是源自教育界。开创学分制的是哈佛大学医学院，它是以选课为核心，以地位为辅助，通过成绩与学分来衡量学生学习质量的综合教学管理制度。其优势是尊重个体，满足个体学习的需求，避免了教育资源的浪费。学分制自 1894 年被应用起，风靡美国，美国各大学于 20 世纪初几乎都采纳学分制。再后来，学分制风靡全球，受到各国教育界的重视。

随着竞争的加剧，企业面临的压力越来越大，面对的挑战越来越多，想要生存就必须拥有一支与时俱进的精锐队伍，于是学分制便被企业采纳，并被应用到培训中。中国的企业培训中心便是在这种情况下应用学分制的。

学分制促使内部培训形式更多样化，人才发展更具有选择性，也更具竞争力。

以 H 集团为例，自 2016 年至今，该企业培训中心将学分制应用于培训课程已有数年，不但具备完整的学分制体系，必修课程与选修课程的建立也很完善。集团内各层级学员通过必修课积累学分；通过选修课学习自己感兴趣的知识，扩展自身知识面，提高自身的职业技能。这种兴趣与技能的双重结合可以激发学员的学习动力，使集团向学习型组织迈进。

1. 学分制三要素

学分设计、学分统计、学分应用是“学分制三要素”。其中，学分设计可分为课程设计与学分设计；学分统计可分为人力资源中心与各部门培训助理；学分应用可分为晋级晋升、员工评优和干部选拔。三者之间联系密切，缺一不可。

2. 学分设计中的课程设计

根据培训课程的性质，课程可分为必修课和选修课。

3. 学分统计

（1）学分统计工作归属

企业人力资源中心 / 人力资源部门负责学分统计、学籍档案管理。每次培训后，参训员工都要参加相应的考核，由各部门培训助理负责汇总成绩，并登记在员工培训档案上，经参训人员签字确认后交至人力资源中心 / 人力资源部门。

（2）特殊情况处理方法

如果学员在培训工作中作弊，则取消该学员的学分，并视情况扣减已得的 1 ～ 3 个学分，情节严重者另行处罚。

每门培训课程的考核采取书面考试的形式来结课，如确实不便采用书面考试的方法，可由授课讲师采用其他的考核方法，经人力资源中心 / 人力资源部门确认后执行。

4. 学分应用

① 晋级晋升：岗位任职期内未修完规定学分，不予晋升，同等条件下（修完规定学分）所修课程考核成绩更高者优先晋级。

② 员工评优：年度内未完成规定学分，本年度不予评优，同等条件下（修完规定学分）所修课程考核成绩更高者优先。

③ 干部选拔：岗位任职期内未完成规定学分，不考虑提拔，同等条件下（修完规定学分）所修课程考核成绩更高者优先。

三、培训信息化系统

随着技术的发展以及现代化的需求，培训信息化越来越普及，企业建立信息化系统已成普遍现象。它将现代技术与先进的管理理念相结合，能够有效整合内外部资源，提高培训的效率和效益。

企业可以选择自建或者选择市面上优秀的信息化系统。一般而言，培训信息化系统的功能主要包括：发送课程通知、学员用移动终端扫描二维码签到、学员在手机端考试、知识分享、生成培训记录卡、生成培训档案。这些原本由人来完成的工作，在信息化时代改由计算机系统去完成，既节省了人力成本，又提高了工作效率，实乃一举多得。

案例分享

H集团企业培训中心根据自身培训需求，紧密贴合日常工作，自主研发了一套信息化系统，其功能简介如下，详见图4-5～图4-9。

1. 发送课程通知

（1）新增项目、新增课程

培训专员录入课程信息、选择学员、设置签到规则。

（2）签到管理、发送课程通知、展示签到二维码

培训专员完成签到管理。

（3）发送课程通知、签到二维码

培训专员完成发送课程通知、签到二维码的工作。

2. 试卷管理

由培训专员上传试卷，学员手机端可查看试卷信息。

新增课程 / add Course
项目名称: 测试11-6
子项目: 中药饮片
添加子项目
重要程度: 普通 重要
审批文件上传:
选择文件 未选择任何文件
增加课程
课程1
课程名称:
中药饮片
开课时间: 2019-11-06 16:15
结束时间: 2019-11-07 16:16
课程教师: 张三
课时:
6
课程地点: 报告厅
课程内容:
课程附件上传:
选择文件 未选择任何文件
认证课程
外出培训课程
外出培训费用
课程分类: 内部培训
添加分类
删除课程
参训人员:
添加人员
NO
姓名
性别
电话
所在部门
操作
项目管理 / Project manage

图 4–5　课程项目系统

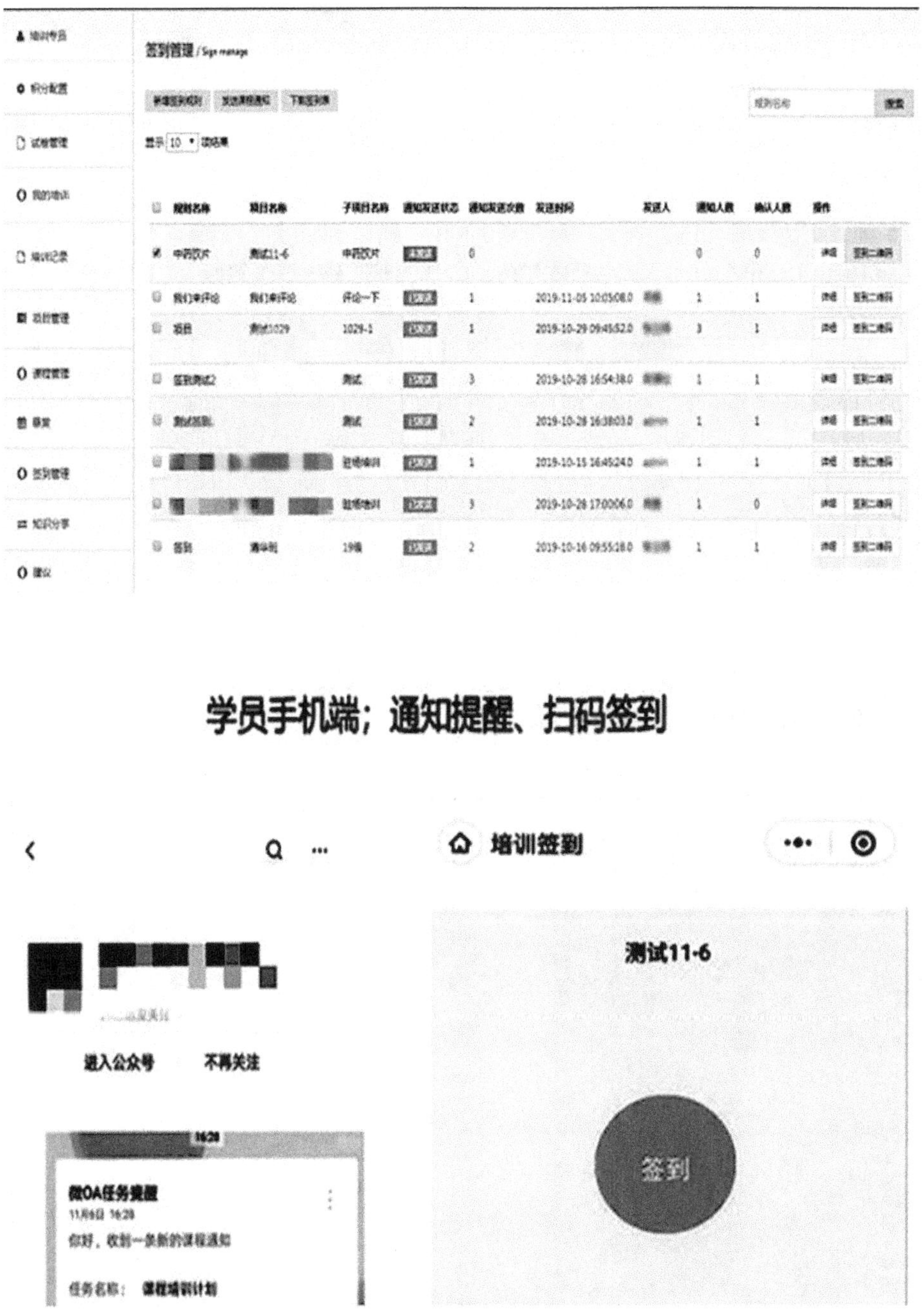
签到管理
学员手机端；通知提醒、扫码签到
培训签到
测试11-6
签到
进入公众号
不再关注
微OA任务提醒
你好，收到一条新的课程通知
任务名称：课程培训计划

图 4–6　签到管理系统

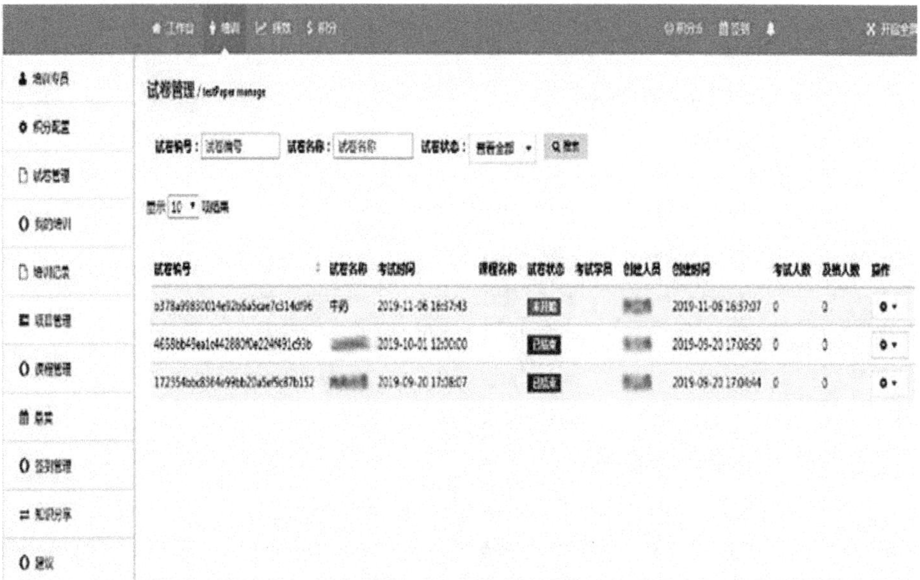

图 4–7　试卷管理系统

3. 培训总结——下载签到表

图 4–8　培训总结系统

4. 知识分享——上传资料

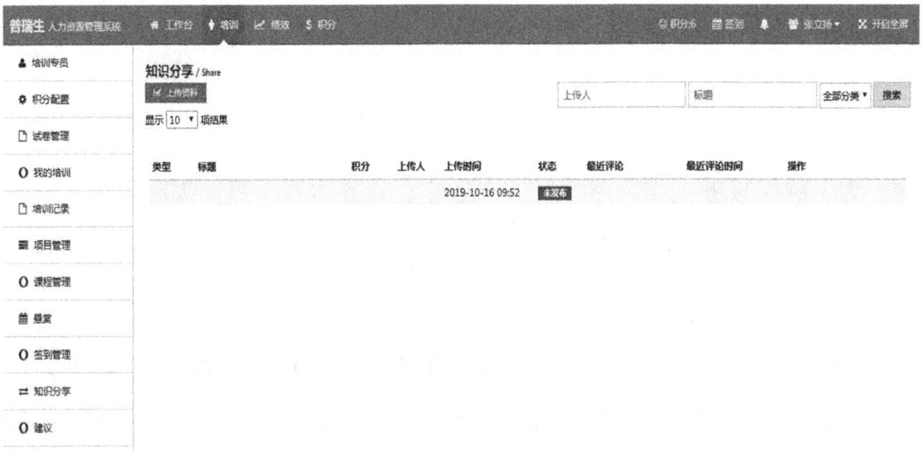

图 4–9　知识分享系统

第六节　教务体系

一、工作内容和体系建设

1. 教务体系工作内容

教务是培训管理系统的重要组成部分，承担着重要且繁多的工作，主要工作如下。

① 档案管理：学员课程周期、课时、调课、补课、考试等信息存档处理。

② 排课管理：综合管理老师统一安排课程，解决排课冲突、课程记录等问题。

③ 教学管理：系统安排课程、分配教师、学员统计、学员上课管理等。

④ 考勤管理：教师和学员的考勤管理与记录。

⑤ 培训质量管理：学员上课情况、教师授课情况，学员考核情况以及反馈评价等。

⑥ 其他事务。

毫无疑问，教务工作攸关培训的质量，企业培训中心应当重视教务工作。为了确保教务工作有序推进，应当建立教务体系，进而提高教务人员的工作效率，提升学员的知识技能水平。

2. 教务体系建设

如何建立高效的教务体系呢？我们在这里介绍 PDCA 循环，该循环是由美国质量管理专家休哈特博士提出，他将质量管理分为四个阶段，Plan（计划）、Do（执行）、Check（检查）、Act（处理），主要应用于培训。现在我们将它与人力资源管理结合起来，形成新的 PDCA，即培训计划（P）、培训实施（D）、培训评估（C）、培训改善（A）。以下我们将以 H 集团企业培训中心的教务体系建设为案例进行简要介绍。

（1）各学院教务体系建设

该企业培训中心的五大学院应按照教务体系架构图，建立自己学院的教务体系，从而构成企业培训中心完整的教务体系，这样利于企业培训中心开展科学管理教学工作。详见图 4-10。

（2）教务人员行为规范

教务人员代表着企业培训中心的形象，其综合素养直接关系着企业的形象。作为一线的工作人员，他们的一言一行影响着学员，因此该企业培训中心制定了培训方案，对教务人员进行培训，规范其言行举止，教务人员行为规范如下。

① 应遵守企业及培训工作各项规章制度。

② 应当具有服务意识，面带微笑，言谈亲切，举止得体。

③ 应保持良好的精神状态，不与讲师和学员发生冲突。

④ 工作时间应着正装，妆容得体，不使用气味浓烈的香水。

⑤ 应提前一天完成会务准备工作，提前 30 分钟完成会场准备工作。

⑥ 应合理安排与会人员的食宿用餐，合理解决异议，全力配合讲师。

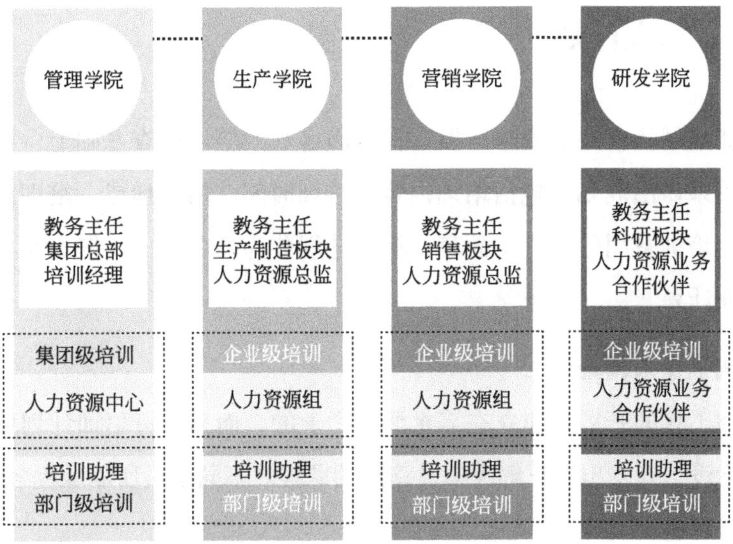

图 4–10　企业培训中心各学院教务体系

（3）教务人员能力提升

教务人员的素养与能力直接影响培训的效果，因此，该企业培训中心要求各个学院定期组织教务人员参加培训并考核。考核不合格者由其直属教务主任补训并监督补考；对于那些工作和学习态度不端正的，企业培训中心考虑将其调离教务相关岗位，以保障教务队伍的整体实力，具体培训如下。

① 培训周期：至少每半年一次。

② 培训组织：各学院教务主任。

③ 参训对象：人力资源中心 / 人力资源部门相关人员、各部门培训助理等。

④ 培训形式：主题分享、经验交流、问题反馈等。

⑤ 培训考核：知识考核、主题汇报、项目报告等。

⑥ 培训记录：培训后形成培训记录，该记录将作为教务人员能力评价和资质鉴定的参考依据。此外，对新任教务人员，直属教务主任要对其进行为期一周的培训与考核。

二、培训计划

培训计划从企业的战略出发，在全面客观的培训调查基础上，按照一定的逻辑关系做出规划，包括培训内容、培训时间、培训地点、培训对象、培训方式、培训费用等。具体而言，培训计划分为两个方面，培训需求调查与制订培训计划。

1. 培训需求调查

培训工作的开展是建立在需求调查之上的，而且制订培训计划要按需供给，才能设计开发出真正解决学员痛点的课程。不同学员所需课程各不相同，需要进行调查。

一般而言，成熟的企业往往包括五个层级人员，分别是高层管理者（高层领导）、中层管理者（中层经理）、基层管理者（主管）、专业人员、一线员工。这些层级的人员所处的工作岗位不一样，所面临的工作痛点不一样，培训内容的需求也不一样，需要企业严肃对待，认真调研，寻找出他们的痛点，方能制订出科学合理的培训计划。分层分类体系如图 4–11。

（1）高层管理者的培训需求

高层管理者的培训核心应当是领导力的提升，通过针对性的培训将高管培养成领导人物，使其在未来成为领军人物。

（2）中层管理者的培训需求

中层管理者的培训应当围绕执行力来展开，通过专业化的培训将他们培养成高素养、高效率、敢挑战、善于分析和解决问题的团队骨干。

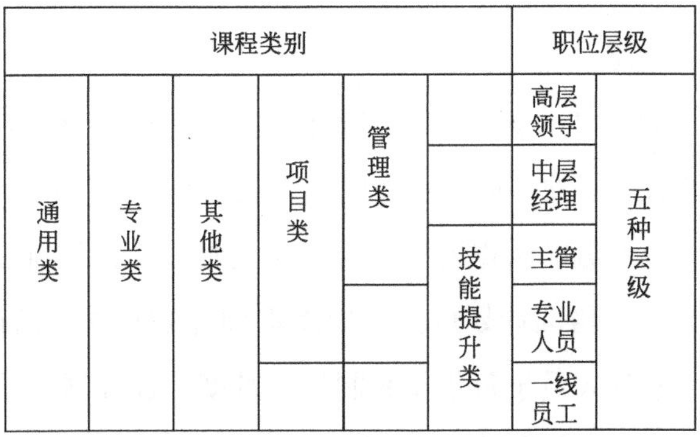

图 4–11　分层分类培训体系图

（3）基层管理者、专业人员、一线员工的培训需求

基层管理者、专业人员、一线员工的培训应当紧紧围绕胜任力做文章，制定精准、科学的培训方案，将基层管理者培养成有理想、有专长、不畏难、愿意与企业共同发展的执行团队的负责人。

这三类人员是最靠近市场和产品的人，他们的能力、工作态度、素养直接关系到企业的生死存亡，所以这三类员工培训需求的制定，可通过年度培训分析会议，或填写个人培训需求调查表的形式。

部门级年度培训需求分析会议必须由相关学院培训负责人参加。首先是各部门负责人向部门员工通报下一年度部门的主要工作目标及工作重点，其次是员工依据个人情况提出个人下一年度具体培训需求，最后由部门负责人进行分析和总结，最终确定下一年度整个部门级培训需求。

企业也可以通过发放个人培训需求调查表来进行调查。个人培训需求调查表主要包括两方面内容：一是填写自己所在岗位的工作职责，简单介绍即可；二是围绕胜任岗位工作简要描述个人所需的培训内容。

一言以蔽之，培训需求调查要遵循因地制宜、因人制宜的原则，在集团企业的大战略发展下，各学院根据自己的相关业务，制订适合本学院人才的培养计划，平衡人才与业务的发展需求。

2. 制订培训计划

每年 12 月，教务人员通过访谈或问卷等多种形式，分学院、分板块对现有员工的培训需求进行抽样调查，并以此为依据制订年度培训计划，并于 12 月底进行签批。培训需求调查清楚之后，企业便可以着手制订培训计划。从时间的维度上分析，培训计划可分为年度培训计划和月度培训计划。其中，年度培训计划由教务人员于每年年底制订，月度培训计划则是由各级培训负责人根据年度培训计划和实际需求制订。

培训需要投入，投入就意味着成本。所以，企业培训计划，无论是集团级培训计划、各学院的企业级培训计划，还是各部门级培训计划，均应在年度预算审批通过后，报相关部门负责人和人力资源中心 / 人力资源部门备案。培训费用的分配应根据项目的重要性、参训人员职级、费用额度等内容及相关领导的要求，履行相应的审批程序。

此外，培训计划的制订还应考虑满足各自迎检的特殊要求。例如，生产学院应考虑良好生产规范迎检的要求。

三、培训实施

培训实施依据培训计划、内容而定，大体上可分为四个阶段：培训方案确定阶段、培训前准备阶段、现场培训实施阶段、培训收尾阶段。

1. 培训方案确定阶段

确定培训方案是培训项目实施的第一步，方案从策划之初到最后落地实施要经过多方反复修改与确认，该阶段包含以下五个方面：方案确定和供应商管理、人员确定、场地确定、住宿与用餐、议程安排，详见表 4–4。

表 4–4 培训实施点检表（培训方案确定阶段）

实施阶段	项目	内容说明	备注	点检情况
培训方案确定阶段	方案确定和供应商管理	培训方案（批件）		
		供应商管理、招投标与合同签订		
	人员确定	授课讲师、讲师助教、特邀开场嘉宾、串场主持		
		参训学员名单		
	场地确定	培训场地筛选、预订	单笔费用 1 万元以上需按照合同管理规定执行	
	住宿与用餐	住宿地点筛选、预订		
		用餐地点筛选、预订		
	议程安排	确定议程安排		
		确定会务组成员的工作分工		

（1）方案确定和供应商管理

① 方案确定：没有方案，实施就无从谈起。撰写培训方案（批件），可以围绕培训项目开展背景、培训目标、培训机构介绍、讲师介绍、培训主题、培训方式、培训预算费用、参训对象范围、培训时间展开。培训方案确定后需上报领导审批方可实施。

② 供应商管理：对供应商的管理主要分为日常联络与维护、建立供应商基本信息库、供应商注册等内容。

培训涉及的供应商指的是培训中相关资源的提供者，包括师资资源、场地资源等。对这些供应商，企业要指派专人负责沟通、评估等事务，筛选出至少三家供应商，以备候选。综合考评后，将备选供应商列入培训方案之中，在企业招标环节确认最终的供应商。对供应商的管理主要分为供应商筛选与招标、合同的签订、建立供应商基本信息库、供应商注册等内容。

（2）人员确定

培训前期要确认相关培训人员及其相关信息，如授课讲师、主持人、开场嘉宾、学员。学员确认上，企业除了要确认参训学员名单，还要根据培训性质和具体情况，确认学员的相关信息，如部门、职务、职级等。

（3）场地确定

培训场地是培训的硬件之一，所选择场地要依据企业培训需求而定。比如，大型培训活动应选择较大的场地，而小型交流培训活动则应选择气氛柔和温暖的培训场地。

至于培训场地布置则需要综合考虑培训主题、培训目标、授课方式、学员规模、课程要求等因素，营造恰到好处的培训氛围，能助力培训取得最佳效果。

（4）住宿与用餐

住宿与用餐要全盘考虑培训人员规模、职级、习惯等问题，进而确认住宿地点、房间分配、用餐地点等。

（5）议程安排

议程安排关系着整个培训，企业要制定合理的议程安排，确认好培训主题、培训目的、课程安排（环节设置）、乘车 / 用餐 / 住宿安排、联络人员（会务人员）等事项，并制作好分工表，确保议程落实到位。

2. 培训前准备阶段

培训方案通过后，会务人员要着手进行筹备工作，主要工作包括通知下发与确认、培训物资准备和确认、纸质资料准备、接待 / 报到等事项。企业尽量做到万事齐备，以达到有备无患。筹备工作事务繁多，下面我们列出主要事项并将其做成表格（表 4–5），以供读者参考。

表 4–5　培训实施点检表（培训前准备阶段）

实施阶段	项目	内容说明	备注	点检情况
培训前准备阶段	通知下发与确认	下发培训通知（主题、时间、地点、讲师、参训学员、课程安排、参训要求、班车 / 住宿 / 用餐安排、自驾路线等）		
		电话确认参训学员是否收到通知		
		讲师时间再确认		
	培训物资准备和确认	培训场地设备确认——电子设备（电源、电脑、投影仪、幕布、音响、话筒等）		
		培训场地设备确认——硬件设备（座椅、讲台、灯光、空调、洗手间、茶歇地点等）		
		所带物资——硬件（激光笔、接收器、电池、摄像机、照相机、U 盘、白板、白板笔、板擦、A4 纸、白纸、桌牌、接线板、互动小礼物）		
		所带物资——软件（课件、讲师介绍、课间音乐、互动资料）		
		会场布置——讲台位置、桌椅摆放、学员分组、桌牌摆放、白板位置、宣传品位置、台花、条幅、签到台位置		
		茶歇布置——茶歇位置、水、茶、咖啡、点心、水果、托盘、纸杯、咖啡匙、搅拌棒等		
	纸质资料准备	学员签到表		
		学员证		
		培训证书		
		学员讲义（书面版）		
		培训评估——考核试卷、培训满意度调查表		
		备用资料——培训通知、议程安排、通讯录、会务人员分工表		
	接待/报到	讲师接待、住宿引导、用餐引导，与讲师一起提前确认硬件和软件		
		提前报到的参训学员、住宿引导、用餐引导		

3. 现场培训实施阶段

现场培训实施阶段是核心阶段，是培训的重头戏，这一阶段企业要做的主要工作包括主持和组织评估、设备管控、讲师服务、学员管理、临场处理。会务人员在培训现场则要负责其他事务，如协助讲师授课、组织学员听课、解决临时突发性事件、保障培训顺利进行。以下就主持做简要介绍，以便于读者理解和参考。

对培训活动来说，主持人是重要的角色，承担破冰（开场白）的任务，活跃现场气氛，让讲师与学员相互了解，破冰活动一般是开场前、培训中场休息后和下午培训前；此外，主持人还会在培训过程中参与互动，掌控讨论时间，引导话题讨论等。下面附上培训开场应有的内容，供写开场词时对照检查。

（1）培训开场主要内容

① 开场词：介绍本次培训的课题，介绍讲师、参加培训的重要领导。

② 时间安排：介绍上课时间、休息时间、用餐时间、结束时间。

③ 课堂纪律：宣读课堂公约。

④ 邀请讲师：邀请讲师上台授课。

（2）培训结束时的主要内容

感谢讲师，总结培训整体实施情况。

（3）组织培训评估

布置作业，可进行培训满意度调查，宣布培训结束。

4. 培训收尾阶段

培训收尾阶段，主要包括现场培训收尾、费用结算、新闻稿、培训档案，详见表 4–6。

表 4–6 培训实施点检表（培训收尾阶段）

实施阶段	项目	内容说明	备注	点检情况
培训收尾阶段	现场培训收尾	讲师、学员返程交通安排		
		培训物资回收	按清单回收	
	费用结算	培训费、场地费、餐费、住宿费、交通费、物资费、讲师费等费用报销		
	新闻稿	撰写新闻稿	大型培训需提交新闻稿，时间节点为培训后两天	
	培训档案	判试卷、汇总满意度调查、发放培训证书，进行培训记录和培训项目总结，培训归档		

四、培训评估

培训评估体系在前面已经介绍过，不再赘述，具体评估方法可参考本章“第五节　培训评估体系”内容。

五、培训改善

进行培训效果评估之后，教务工作就要落实培训改善事宜，这是培训的终极目标，只有在评估后进行改善，才能确保教务工作与时俱进，提高教务体系的运营效率，助力培训工作的开展。教务培训改善可以从以下几个方面入手。

1. 教务工作例会

教务工作例会可分为半年度例会和年度例会。

（1）半年度例会

由各学院自行召开，每半年举行一次，总结上半年的教务工作，解决上半年工作中存在的问题，并安排下半年的重点工作。

（2）年度例会

即年度总结会议，每年年初召开，会议主要议程包括：总结上一年度工作实施情况，表彰杰出培训会务组和教务人员，布置下一年的重点工作。

以上两个例会往往是教务工作总结的大会，人员集中，企业可以利用这两个机会对教务工作进行总结、改善。

2. 教务工作改善委员会

教务工作改善委员会由企业培训中心筹备组长、筹备副组长以及各学院筹备主任组成，主要职责包括：收集、汇总日常工作中的问题，在例会中汇报和讨论，提出改善措施，跟踪改善效果；讨论各学院的共性问题和待解决的问题，提出解决方案，优化培训制度。

3. 教务组和内训师的职责

（1）教务组管理职责

教务组作为主抓教学教务工作的部门，在组建师资队伍、完善师资档案、规划日常考核等方面具有义不容辞的责任。教务组是规范培训力量的部门，是企业培训中心教学发展规划的参与者与实施者，可谓肩负重担。在内训师管理方面，教务组有管理档案，选拔、培养、建设内训师队伍的职责；在学习方面，教务组有组织集体学习交流，开发课程等职责；在考核方面，教务组必须严格把关内训师队伍，做好年度考核数据收集。

（2）内训师职责

内训师在做好本职工作的前提下，应认真履行以下职责。

① 根据企业培训中心的需求及教务组的安排，承担授课任务。

② 辅助教务组建立讲师库、课程库、案例库、培训游戏库及供应商基本信息库等软性资源库。

③ 根据培训需求进行课程开发与设计，包含培训标准教材、辅助材料、案例及游戏、课件、试卷及标准答案等，定期更新以上资料。

④ 负责培训学员考核工作，通过培训后阅卷、后期培训跟进，达到预定的培训效果。

⑤ 担任新任内训师的选拔、培养和指导工作。

⑥ 做好培训资料（含纸质版、电子版资料、光盘、书籍、幻灯片、音视频等）的保管、保密工作，未经教务组书面授权不得进行任何形式的转存与拷贝，不得转借给第三方，不将其用于商业用途。

⑦ 在未经教务组书面授权的情况下，不得在企业外部以有偿或无偿形式讲授企业培训中心的课程。

4. 内训师管理细则

参考本章“第三节　内训师培养和管理体系”内容。

第七节　人才梯队建设

商场如战场，企业要想在残酷的竞争中生存、胜出，就必须拥有一支业务素质够硬、职业素养够好的精锐队伍。就像军队一样，必须各兵种齐全、人员配备齐整，招之即来，来之能战，战之能胜，方可在商场上取胜。

企业要注重各层级人才队伍的建设，确保每个层级都有精干人员，进而形成优质的人才梯队，助力企业实现战略目标。那么，企业应当如何建立人才梯队呢？每个企业情况不一，所需人才不尽相同，以 H 集团通过打造六支队伍，进行人才梯队建设为例。

（1）第一支队伍：高管队伍

高管培养着眼于战略，加强商学知识学习和科学管理方法培训，包括科学管理方法的培训。可采用封闭式教学、分享式教学、课程与实践相结合的多种教学形式。在培训前、培训后进行测评，通过测评了解高管个性化问题。针对测评结果分析，以专家培训等形式开设课程。结合培训达成科学管理方法上的统一，掌握愿景、战略规划和设计执行、团队管理的方法和工具，并重点聚焦短板部分进行个性化提升。

（2）第二支队伍：经营管理队伍

进行经营管理方面的培训，主要包括各个事业部的负责人，各个企业的负责人，各个独立核算业务单元的负责人。例如H集团依托的平台是与知名大学合办的高级工商管理研修班和经营管理班。

面临前所未有的时代易变性、不确定性、复杂性和模糊性，企业领导者、管理者的思维、视野、资源等对于企业的生存发展尤为重要，为了进一步促进企业的持续发展，要提高企业的整体经营管理水平，优化组织结构，带动企业创新升级，提质增效，增强企业竞争力。由集团董事提议，人力资源中心发起组建高级工商管理研修班。与知名大学合作，依托大学的前沿课程、优秀师资和教学方式等，旨在培养管理者的综合管理能力和全局视野，塑造和提升领导力，帮助医药行业在新常态下谋求创新发展，更好地聚焦企业核心竞争优势，突破发展禁锢，从而引领企业共同成长。

研修班学员从集团的高潜干部班和经营管理班的优秀学员中进行选拔和推荐，采用小班授课，共35人。研修班自2018年10月起，基本坚持每月一期的原则，共开设12期课程，包含格局战略篇、管理篇、市场营销篇，一共有15位学识渊博的教授和专家进行精彩授课。同时严格管理班级，严格记录出勤，采用“集中学习＋阶段考试”的方式，阶段性对培训效果进行评估和跟踪。

经营管理班面向 35 ～ 45 岁的核心管理干部及新入职、新晋升的管理者，旨在培养中医药行业领军人才，提升中层管理者寻找战略定位点的能力和产业实践能力，搭建高端资源对接平台。

案例分享

以“高级工商管理研修班”为例，进行详细说明。

【项目背景】

为了确保企业达成长远发展的战略目标，H 集团决定对企业核心人才进行培训，因此，人力资源部门特申请开办与知名院校合作的“大健康产业高级工商管理研修班”项目，以支撑企业对人才的培养。

【项目描述】

根据培训目标，通过全面考察分析，从课程设计、师资力量和培训费用几个维度出发，选择了最符合集团要求的培训方案。首先，课程方案针对性强，覆盖全面，最适合医药行业从业者；其次，师资安排合理，师资阵容强大；最后，所报价格最优惠，合作诚意最大。最终，做出了与该院校合作的选择。具体课程安排，见表 4–7。

表 4–7　课程安排

项目	班级	课程期数	课程名称
大健康产业高级工商管理研修班	2019 级	第一次课程	医药企业战略管理与规划
		第二次课程	大数据时代的医药行业营销创新
		第三次课程	中医药行业相关政策解读
		第四次课程	医药企业人力资源管理
		第五次课程	“金税三期个税系统”严控下中高层管理者的财税思维

续表

项目	班级	课程期数	课程名称
大健康产业高级工商管理研修班	2019级	第六次课程	管理沟通实务
		第七次课程	博弈智慧与企业竞争策略
			国学智慧与管理者素养
		第八次课程	企业法律风险防范
		第九次课程	AI时代的品牌建设与创新策略
		第十次课程	医药企业的领导者执行力与管理技能提升
		第十一次课程	医药企业成功的项目管理
		第十二次课程	战略规划与执行设计
		第十三次课程	大数据智能时代智慧医疗健康研究与开发
			团队建设中的组织行为学

【名额分配】

根据项目确定的人才培养选拔标准，结合企业的组织情况确定学员名单。授课模式为小班授课。

【教学管理】

1. 人员配置

每班根据人数至少安排1名班主任及1名教务老师，以全面负责培训班的日常工作。

2. 开班前期工作

将学员名单、照片等资料送给班主任。

3. 整体学习计划安排

（1）总学时192学时。

（2）共24天。

4. 结业认证

① 培训期间，学员认真完成所有课程学习，积极参加讨论，出勤率不低于80%。

② 通过考核的学员，由合作大学统一颁发结业证书。

③ 结业证书编号可通过合作大学官网查询，并可供人事组织部门查询参考。

5. 评估、反馈、回访

① 评估：授课师资、教学管理。

② 反馈：将评估结果、学员学习动态等信息反馈给组织方。

③ 回访：对本期培训做总结，建立培训战略合作伙伴关系。

本班的目的是培养高层管理者的综合管理能力。从培训内容来看，重点是通过政策解读、战略规划、营销策略、管理运营等内容来提升学员的系统管理能力，完善他们的知识、技能水平，提升思维决策能力。战略规划与执行设计课程作为公开课，为集团未来战略的制定起到了重要启示作用。

案例分享：经营管理班

经营管理班是H集团企业培训中心的经典项目之一，培训对象是总监级中层干部，培训课程主要有产业政策、行业趋势、团队管理、沟通管理、企业经营与管理相应的知识和工具，目的是提升中层干部的“管理者四项能力”，打造跨部门敏捷型团队。

【培训目的】

培养中医药行业领军人才，提升中层管理者寻找战略定位点的能力、产业实践能力，搭建高端资源对接平台。

【参训人员】

中层管理者、业务板块负责人、人力资源总监推荐人选。

【实施时间】

一年五期，两个月一期，每期两天。

【课程形式】

外训加外请内训；讲授加演练；专业拓展训练，进山采药；阶段性考试；推荐阅读书籍。

【课程内容】

实战案例及通用课程，集团和各子企业介绍，企业文化，企业主要产品，人力资源制度，入职引导，ELN 平台介绍，员工成长手册。

（3）第三支队伍：高潜管理队伍

依据集团发展对人才的需求，开展对 25 ～ 35 岁高潜管理人员的培训，从而为集团人才梯队建设储备优秀人才。高潜干部班重点是将 25 ～ 35 岁的高潜人才筛选出来。在发展新高潜人才的同时，也要持续跟踪和推进往期高潜人才的发展。建议以课题研究作业的方式分组进行，组织课题研究汇报。根据人才能力现状实施个性化培训也是可取的方式。

案例分享：高潜干部班

H 集团企业培训中心经典项目之一，培训对象是企业高绩效骨干，培训的目的是为了加强各部门骨干对企业决策的了解，提高其执行企业战略的执行力。高潜干部班培训课程包括企业文化、自我修炼、行业发展、团队管理、专业把控、沟通协调等，以提升骨干员工的综合素质和业务能力，加强企业人才梯队建设。

该企业培训中心高潜干部班从 2017 年开班，截至 2020 年已经成功举办了 3 期，共 4 个班级，具体开展情况如下。

【教师队伍】

由集团董事长及集团各位高级管理人员担任教师，分别从提升自我修炼、领导力、团队管理、专业把控、沟通协调五项能力进行授课。

【教务特点】

“班级管理＋团队管理”。

班级管理，班主任和教学助理负责班级管理和课程安排、作业收发、考核评估等教务工作；老师以内部为主，课程以实战为先，每课必考，主讲老师负责阅卷并及时反馈。

团队管理，团队化建设，团队内部举办阅读、分享会，由学员分享阅读、学习心得，在交流互动中提升自我修养。

【课程培训】

面授与体验相结合、内外部资源相结合。培训时间为三个月，培训形式以小组为单位，各小组成员根据相关话题进行讨论学习，并建立竞争机制，激发学员的学习积极性。

体验式课程包括沙漠掘金课程和动机管理沙盘课程。沙漠掘金课程针对团队成员为实现企业战略或者目标，在决策过程中出现有关共识决策、计划制订、组织运营、管理沟通、过程控制等领导力问题时，可进行深度挖掘并带领团队找到解决方法。

动机管理沙盘课程是通过沙盘模拟的形式来推演管理的具体过程，也可针对具体事件进行推演，以模拟现实企业环境中所发生的具体问题，让学员明白如何处理问题才能达到最佳的效果。此课程为学员提供全局管理理念，让学员从大局着手，避免拘泥于眼下。

【管理策略】

“严进严出＋成长跟踪”（图 4-12）。

“严进”指的是参训人员优中选优，由业务部门和人力资源部门双重评估筛选，确保“苗好”；“严出”为经过考试、主题汇报、案例讨论、业务实战等内容培训，且通过考核方能毕业，确保梯队精良。

“成长跟踪”，建立学员档案，三个月后逐人访谈，半年后述职，一年后课题汇报，持续跟踪，关注其成长。

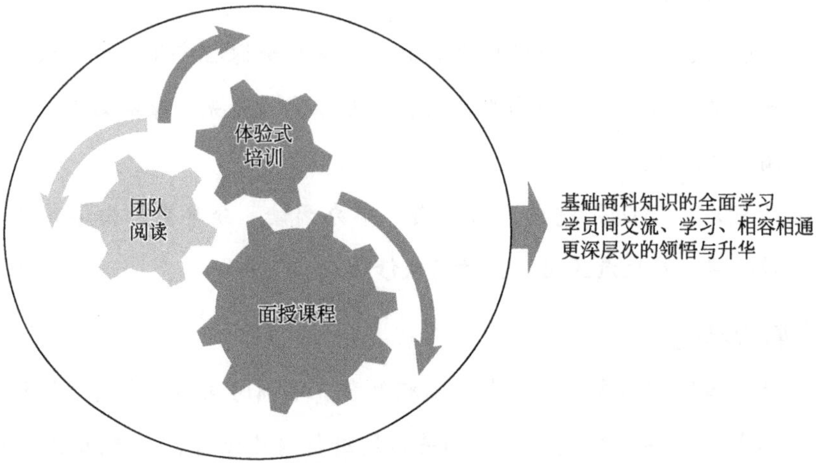

图 4-12　管理策略

（4）第四支队伍：新任管理者队伍

面向所有新晋升和新入职管理者的培训。从 2018 年开始，H 集团企业培训中心采用 E-learning 的形式，提前进行教学，通过提升新任管理者的 7 项能力，实现专业干部到管理人才的转变。企业培训中心将学习成果纳入人员培训档案。同时，组织企业文化课程、财务课程、团队建设、合规课程等现场培训。

（5）第五支队伍：一线干部队伍

包括一线生产干部、一线销售、企业合伙人的课程。

生产板块，让一线生产管理人员及操作人员学习企业文化和标准工作方法。开展企业文化课程培训，根据一线工作安排进行精益生产培训。通过培训提升一线管理者的工作效率；通过企业培训与企业实践提升生产效率、能源使用率，减少损耗、降低成本。

销售板块，在销售一线对办事处经理和销售一线人员进行培训。实现一线销售行为管理规范化。通过销售行为软件，把销售行为规范明确化、书面化、课程化，推行到所有的办事处一级的管理层。

企业合伙人经营能力提升项目以提升经营意识、经营能力，加强与集团的黏性为根本出发点，系统设计课程内容。借助季度会、半年会、年中会的契机，一年内为合伙人设计四次集中培训，通过内训、外训和高管座谈等多种形式结合的方式进行系统设计。

（6）第六支队伍：外派队伍建设

加强对外地企业及新并购企业的管控，提升外派经理人员管理能力及工作效率。通过“太空站计划”在外派前到外派中的不同阶段为外派人员提供知识“供给 ”。通过企业文化及团队管理课程，培养外派人员对企业文化的理解，提高团队管理能力，加大外派人员跨组织工作的适应能力。

案例分享：太空站计划

【培训对象】

外派人员，计划 20 人。

【培训目的】

加强外派经理人员对企业文化的理解，提高其管理能力；加强外派经理人员的跨组织工作能力。增加外地企业、新并购企业对母企业的归属感。

【培训措施】

“太空站计划”在外派前到外派中的不同阶段为外派人员提供知识“供给”。

【培训方法】

调研、梳理培训课程及课程开发，其中企业文化是必修课。

【学习效果】

扩大企业文化的覆盖率；提高学习效果满意度；增加团队建设的访谈量以及外派期间绩效表现的绩效面谈。

第五章　薪酬福利体系

第一节　薪酬管理

一、薪酬管理的目标和意义

薪酬是员工与企业产生雇佣关系后，员工所获得的各种形式的酬劳，包括有形酬劳和福利。薪酬制度体现了企业与员工之间平等交换的关系，员工用自己的劳动换取合理的报酬。

薪酬管理体系是企业运营中的一个重要环节，薪酬和福利制度能体现一个企业的综合素质，同时薪酬、福利部分的支出也是企业一笔不小的支出。因此，如何将人工成本转化为企业效益，如何控制人工成本的增长，是企业薪酬管理中需要直面的关键问题。

明确薪酬管理的目标和意义，大到企业发展的薪酬战略，小到员工薪酬额度的行针步线，处处都需要专业的人力资源工作者。这种必须性和专业性决定了薪酬管理在企业管理中的重要地位。

规范化、专业化的薪酬管理，可保证企业内外的公平公正和合法性。公平公正和合法性是薪酬管理最基本的目标，无规矩不成方圆，企业如果没有一套规范化的管理流程，发展则无从谈起，员工就感受不到公平公正，就不能做到全心全意投入工作。只有建立公平公正的薪酬体系，平等对待每一个人，赏罚分明，才是薪酬管理的立足之本。

专业化的薪酬管理制度能为企业留住人才。只做到赏罚分明是不够的，职场中，人是企业发展的动力，激励员工创造更大的价值，企业才会收到事半功倍的效果。

实行薪酬激励，合理控制成本，企业可获得效益最大化。无论怎样的薪酬制度，终极目标都是为企业的整体效益服务，没有效益就没有企业，员工薪酬也只能沦为纸上谈兵，就好比行军作战粮草不足，又怎能打赢呢？如何激励员工将能力发挥到极致，是每一个管理者都应该思考的问题。

薪酬体系嵌套于企业内，为企业的利益服务，管理者要考虑如何减少薪酬成本，用最小化、最合理的成本获得人才创造价值和人才发展的最大化，实现企业效益发展的终极目标。

二、付薪理念：一流人才、一流业绩、一流薪酬

薪酬理念是企业文化非常重要的一部分。一流的企业必然依靠一流的人才；尊重人才才能创造一流的业绩；一流的业绩要依靠一流的薪酬制度来驱动和承载。如此精益求精，循环往复，企业会像滚雪球一样，越来越壮大，形成良性循环。

三、构建薪酬体系

薪酬管理涉及企业每一名员工的切身利益，做得好，上下一心搞发展；做得不好，则怨声载道，员工无法全身心投入工作。所以薪酬管理体系是管理层最关注的一个方面，只有让员工无后顾之忧，才能安心地在企业工作，达成绩效，获得应得的收入。这就好比士兵上阵杀敌，要安抚好后方家属一

样，作为企业，不能让“士兵”为你在“战场”拼杀，却不给解决后方需要。安顿好大后方，才能让人才放心地工作。

那么如何解决员工后顾之忧，构建合理的薪酬体系呢？

1. 坚持差异化和统一性共存的薪酬理念和原则

打造具有企业特色的薪酬体系。以“人才 + 绩效 + 能力 + 市场”的方式留住核心人才，培养潜力型人才，做好人才储备工作，控制人力成本。

2. 提高人力资源使用效率

要实现人力资源的良性发展，就要识别企业内的无效、低效能人员，实施冗员淘汰与人力资源重置，提高人力资源使用效率。缩减非必要的人员，将此部分人员的预算分配到高效能员工身上，这样既可以刺激核心人才努力工作，又可以激励中间部分的人才奋发图强，为了获得更多的奖励而努力工作。

提高销售收入，销售岗是盘活企业所必备的岗位，一线销售人员好比冲锋陷阵的战士，他们永远是代表企业、站在最前沿的“士兵”。提高此类人员的薪酬待遇，提高他们的地位，让他们对企业有归属感，能真切地以企业为家，在企业这个平台上展示自己，能使企业获得丰厚的收益。

在人工成本总额可控的前提下，提高核心岗位、核心人才的薪酬水平，吸引外来人才，丰富本企业人员结构，也可适当增加企业内的竞争力，从而形成良性竞争。物竞天择，适者生存，人员的严格管理，薪酬水平公平公正，往往会得到很好的效果，即企业内部人人平稳上升，没有掉队的员工。

3. 建立薪酬制度

薪酬制度是薪酬福利体系的表现形式，是薪酬福利体系执行和落地的依据。薪酬制度通过文件落实，包括《薪酬福利管理制度》《外派人员管理制度》《异动人员管理制度》。规定 / 办法文件包括《休假管理办法》《考勤管理办法》《应届生起薪管理办法》。标准作业程序（SOP）为薪酬福利相关的日常工作及流程的操作手册、明确薪酬核算的规则、更新发薪手册等。

4. 薪酬保密管理

密薪制度是大多数企业采用的薪酬管理方法，密薪制也叫秘密工资制，是指企业给员工发放工资时采取保密制度，员工之间不能互相询问或透漏个人及他人工资福利等相关信息，密薪制完全遵守薪酬体系公开、个人工资保密原则。

密薪制起源于西方，其较多地应用于现在的企业中，因为密薪制可以避免员工之间互相攀比。企业是由人组成的，有人的地方就有对比，一旦员工工资信息全公开，就会发生互相抱怨、互相攀比的情况，对工作不利，对企业内部管理更不利。密薪的工资结构可以稳定员工情绪、留住适合企业的人才、调动核心员工的工作积极性、保护商业秘密、维护企业正常运营。

基于此，企业要求员工不得私下打听、讨论个人工资问题，更不得随意泄露个人及其他员工工资，如有违反，一经查实，视情节轻重给予警告、严重警告、记过甚至辞退处分；同时不列入下一年度调薪人员名单；一年之内不能参与竞聘或者晋升；部门领导将负有连带责任。

一般部门管理人员具有知晓其直接管辖范围内人员薪酬信息的权利。其他人员若因工作需要想要获悉其他员工薪酬信息，须经更高级管理人员批示，人力资源负责人核定后，由薪酬工作人员通知相关人员签订《薪酬保密承诺书》后，薪酬工作人员方可提供。相关核薪、发薪人员具有薪酬信息知情权利，需签订《薪酬保密承诺书》。

5. 薪酬结构

薪酬结构设计是以人力资源管理战略和薪酬策略为总纲，在人力资源规划、工作分析、工作评价的基础上，以及市场调研数据的支撑下，拟定的薪酬结构。薪酬结构设计是薪酬体系设计中的关键环节。

薪酬结构具有阶段性调节的特点。因为薪酬制度在制定的过程中参考的是当下的市场、行业发展现状，所以需要根据市场发展情况、竞争对手情况、企业策略调整、经营目标调整等指标，定期更新薪酬结构。当然，无论是拟定薪酬结构，还是调整薪酬结构，都必须保证合理性、科学性，既要与员工的工作状态相符合，又要与企业效益相一致，达到企业与员工双赢的目的。

既然要双赢，简单清晰的薪酬结构是最好的。它由基本工资、绩效奖金、岗位津贴、加班费组成，部分企业的薪酬结构还包括超额激励、效能津贴、项目奖励等奖励。大多数企业采纳这样的薪酬结构，是因为其结构规则清晰、聚焦岗位价值且同时具有激励作用，能够使员工在完成本职工作的前提下，具有主观能动性，自愿进行下一步工作。

四、付薪规则

规则依据理念制定，一流人才创造一流业绩，享受一流薪酬，这是一个良性循环模式，也是企业实现差异化薪酬策略的解决方法。所谓“3P+1M”薪酬管理模式，是指以岗位、个人能力和绩效为主的付薪规则，再加上以市场为主的付薪规则。

3P是指岗位（Position）、绩效（Performance）、个人能力（Person），1M是指市场（Market）。

岗位是指根据岗位来定薪酬，即指企业对岗位做出评估，不同岗位有不同的薪酬标准。比如，你应聘的是销售经理秘书岗，无论你的学历高低，秘书岗的薪酬是固定的，不会因为学历、学位不同就有所差别。

个人能力可以理解为能力薪酬，是企业根据员工个人能力或任职资格确定薪酬，这种支付方式假设了能力高者绩效高，能力低者绩效低的前提。员工的薪资待遇与能力成正比。此薪酬方式意味着提高个人能力就会得到高回报。

能力薪酬模式的支付标准是建立在员工综合素质的合理评价基础上的，该能力薪酬是管理者对员工知识、技能、人格等综合印象的肯定，不是单指某一方面的能力。

绩效是指根据绩效定薪酬，即根据员工的任务完成情况、工作行为、态度等一系列的考核指标来确定其薪酬。企业制定出绩效考核标准，根据此标准衡量一个员工绩效的档位，根据档位发放相应薪酬。

市场是指通过专业调查公司的薪酬数据，或者派专人深入市场做市场调研，了解市场上同行业企业的薪酬情况，来制定本企业的支付标准。

“3P”之间的相互关系是一名员工在适合他的岗位上，产生了相应的工作绩效，企业对其绩效进行考核，明确其报酬。无论是岗位、薪酬还是个人能力，每一方面都有自己的优势和局限性，单依据某一方面来制定薪酬标准都是片面的，应取长补短，使人才、绩效、个人能力、市场相互促进，采用“3P+1M”薪酬管理模式，建立起“多劳多得、少劳少得、不劳不得”的分配机制。

五、薪酬的竞争性和公平性

外部竞争性和内部公平性是企业发放薪酬时依据的两个标准。外部竞争性是要让企业的薪酬标准在市场上产生竞争力，对人才具有吸引力，方能使人才的目光聚焦到企业身上，并有意愿成为其中的一份子。内部公平性是企业内部对薪酬的发放尽量做到公平，尽管不同类型的工作在薪酬上会有差别，但是报酬要与工作本身呈正相关，俗话说干了多少活拿多少工资，报酬与付出的劳动要相互匹配。这样同一组织的内部员工所得的薪酬就是相对公平的。

此薪酬管理制度并不是说管理者在薪酬支付时考虑如何减少员工报酬，相反的是，管理者是想方设法地利用报酬提高员工的劳动积极性，尽可能多地调动员工的主观工作意愿，多劳多得。作为企业的管理者，要考虑的是相对价值的公平，而不是绝对价值的公平。为了吸引优秀人才，要提高企业的吸引力，经受得住外界环境的挑战。

第二节　薪酬调整

调薪是员工盼望的头等大事，也是管理者最头疼却又不得不面对的工作难题。年度调薪就好比一把双刃剑，调薪控制得好，可以合理地控制薪酬总额增长，激励/保留优秀人才；调得不好，在企业运营过程中就会产生负面影响。还可能造成薪酬总额失控，有损企业效益，致使人才流失。调薪是一门技术，更是一门艺术。

薪酬的任何调整都基于企业效益，薪酬既可以上浮，也可以下调。它是激励员工在新的一年里更加奋进工作的机制，推动企业不断向前的推手，但如果企业经营困难，企业效益降低，必将导致员工薪酬降低，企业的走向无论是好是坏都由全部员工共同承担。

调薪如此重要，企业一定是在思虑周全后才进行调薪，且需满足年度薪酬调整的触发条件。比如根据企业经营指标达成情况，人工成本占比在可承受范围之内，结合外部薪酬调研情况。只有同时具备以上三个条件且年度人力资源经营计划中有年度调薪计划时，年度调薪才能展开。

有效的调薪才是企业上下共同的愿景，那么如何做出激励政策，让员工发挥最大的效能，使企业效益最大化，触发调薪机制呢?

第三节　激励机制

马斯洛的需求层次理论告诉我们，人类的需求在不同阶段是不一样的，需求从低到高分为生理需求、安全需求、社交需求、尊重需求和自我实现需求。企业为员工支付报酬，可以说满足了员工的基本需求，再向上发展，是否有更高的需求则因人而异。所以企业制定的激励政策要讲究攻心为上。不同员工、不同时段、不同环境、不同发展状况下的需求必然是不同的，在企业中我们不将员工分为三六九等，但是要针对不同员工的心理特点，对员工需求进行精确识别，采用精确满足、精准引导的激励方式，才能解决员工的痛点，激发员工努力工作。

一、按层级建立物质与精神并重的系统性激励体系

1. 高层管理者，看重使命

按照马斯洛需求层次理论，企业高层更看重自我实现需求，也就是说高层管理者更注重实现个人抱负，他们苦苦追寻的是如何将个人才能发挥到极致。企业要激发其事业上的野心，就要从使命感入手，让高层管理者与企业融为一体，带领企业走向辉煌。组织的使命及战略实现是激励要点。

2. 中层管理者，看重责任

中层管理者更看重尊重需求，人人都希望有稳定的社会地位，中层管理者通过自己一步步的努力从基层奋斗到中层，更渴望得到企业的认可和社会地位的承认，得到认可后会带来强烈的满足感，对自己充满信心，对企业充满热情。体验到自己的价值后，中层管理者对工作充满了责任感和使命感。中层管理者对其所管业务的季度、年度绩效负责，一致的关键行动分解及达成是激励的要点。

3. 基层员工，看重成长

基层员工更希望得到关心，这个关心可以包括领导情感上的关心和工作上的关心。劳动报酬是安全层次的需求，领导工作上的关心是情感归属的需求，也就是通常我们所说的成长、发展和投入度。对基层员工实施激励政策，

要结合个人发展与物质奖励，企业可以关注其入职 3 ～ 5 年以后的激励和转型，合适的人选可向中层转型。与关键行动匹配的人效是激励的要点。

二、针对各业务单元特点，制定不同的精准激励策略

1. 针对职能类人员

职能类人员是企业内部的对接人员，虽然是辅助型工种，却也是不可或缺的一类岗位，此类人员擅长沟通与协调工作，解决问题、精准服务的能力较强。此类员工贵在精而不在多，一名优秀的职能类员工往往可以在工作中发挥以一当百的作用。因此，激励此类员工的政策，应倾向于培养其支撑集团发展的能力，实施非管理序列的人员晋升激励策略。

2. 针对研发类人员

研发类人员是企业的宝贵员工，一个企业想要在行业内居于领先位置，就必须建立科研实力够强的科研团队。研发类人员往往专注于自己的研究项目，在意研究成果，对外界环境没有苛刻要求。对此类人员的激励政策要聚焦在其科研项目上，可以依据科研指数进行项目奖励；实施核心关键人员长期服务激励和研发序列的人员晋升激励策略。

3. 针对生产类人员

成本管控是激励此类员工的关键点。通过设定成本 / 利润管控目标，从超额完成利润目标中按照一定比例提取资源，鼓励超额和增量完成目标，以创造组织业绩去激励业绩创造者，这就是阿米巴激励机制。这种激励方式能促使员工之间互帮互助、同甘共苦。

集团下设的子企业亦可采用同种激励方式，将关注点聚焦在岗位价值上，各岗位员工的通力合作使经营任务逐个落实，这样子企业的每名员工既有目标又有压力，中等压力下，人的潜力爆发是最大的，在这样既有压力又

有动力的情况下，员工完成年度任务是大概率事件。

4. 针对销售类人员

销售人员的激励要跟职务、绩效和工作挑战等挂钩，重在激发业务人员的主观积极性。为整体利益考虑，要建立起以企业整体成长为前提的薪酬激励体系，设立增量奖、超额奖，完成一定周期的任务后，要立即对超出指标的员工按规定进行奖励，鼓励增长，多劳多得。

第四节　和企业的脉搏一起跳动

一、股权激励

股权激励的目的是使高层管理人员和核心骨干人员以股东的身份参与到企业决策、分享利润、承担风险中来，使核心员工了解企业的运营、企业的责任与义务，以最大限度地调动员工积极性。股权激励一向是企业挽留人才、吸引人才的高效手段之一，事实证明股权激励策略也是最行之有效的方式之一。毕竟高层管理人员和核心骨干人员能保证企业发展战略和经营目标的达成，保证企业业绩稳步提升。

1. 股权激励的对象

企业内高层管理人员、核心骨干人员及技术（业务）人员。

2. 股权激励模式比较

股权激励模式可分为虚拟股票、股票期权和限制性股票。

（1）虚拟股票

优点是虚拟股票的发放不影响企业的总资本和股本结构，使持有人有努力经营企业的强烈意愿，持有人想分红就必须协助企业实现业绩达标。缺点是持有人更关注短期利益，分红过多可能导致企业现金流压力增大。

（2）股票期权

优点是企业经营者与资产所有者的利益捆绑在一起；可以锁定期权人的风险，在不确定的市场中实现期权人的预期收入，可有效降低企业成本，其激励力度大，且受证券市场监管，具有公平性。缺点是分散的股权会影响股东的权益，股票市场存在风险，也使期权人更关注短期行为，放弃企业长期经营发展规划。

（3）限制性股票

优点是适合高级专业人才，保证相关人员的稳定性。缺点是股票的波动性容易影响专业人才的积极性，会因权责不对等而失去激励意义。

二、合伙人机制

1. 合伙人机制的目的

合伙人机制是现行市场上较为完善的商业制度，对所有合伙人均有约束作用，对所有者和经营者都有保障。所有合伙人对企业经营负责，这样对合伙人来说，不仅可以保障经济利益不受损，还有很强的精神激励，也就是权力与地位的激励，这一层激励对处于合伙人位置的人来讲更具有激励性。

合伙人在分享利益的同时还承担责任，在企业的经营中要增加合伙人彼此之间的信任，吸纳优秀员工和团队事业负责人加入。持有创新创业企业股份，可以激励员工进取，对企业保持忠诚，推动企业进入良性发展的轨道。

2. 合伙人机制模式（表 5–1）

表 5–1　合伙人机制模式

模式类型	业绩合伙	利润合伙	股权合伙	创业合伙（股东合伙）
着力点	业绩分成	利润分红	价值回报	与企业合伙创业
特点	激励人才创造业绩价值，属短期激励，其激励强，约束最弱，灵活性强，易操作，易流动	激励人才创造利润价值，属中期激励，其激励偏弱，约束弱，灵活性强，易操作，易退出	激励人才创造战略价值，属长期激励，其激励偏强，约束强，灵活性弱，操作难，退出难	激励人才开拓新的业务领域，或吸纳外部人才，属终极激励，其激励最强，约束最强，灵活性弱
适用于企业类型	适用于通过运营提升、发展企业效益，以利润为导向的企业		适用于战略突破、业务突破，创新、创业的企业	
关键要点	需增加战略协同目标，使企业持续发展，对个人的依赖度低		个人价值观和企业的价值观、战略意图要一致，对个人的依赖度高	

3. 合伙人机制要素

定人、定量、定价、定时。

（1）定人

定人就是确定有资格参与该长期激励计划的岗位人员。

① 定人范围：遵循行业特点设定定人范围，再结合本集团自身发展需要及内部人员特性、岗位特征，以及为企业贡献的历史业绩和对未来业务的支撑能力等。如：项目负责人、高级管理人员、核心技术负责人、核心业务负责人、掌握重要资源的人等。这些个人能力较强、个人价值较高的核心人才

是首选。

企业靠人的创造力来实现战略突破、模式突破、创新突破，所以人的价值是定人范围中首要考虑的因素。合伙人的范围可分为三种，小范围的包括企业高管，中等范围的包括企业高管和核心干部，大范围的包括全体员工。

② 合伙人条件：合伙人是要与企业共进退的，首要条件是此人的人生观、世界观、价值观要和企业基本一致。比如在过去的工作中，此人是企业内重大事项的主要推进者，对企业的发展贡献巨大力量，在职且通过试用期考核就可以成为合伙人。

成为合伙人的条件是年度、季度绩效考核结果不能是 C 或者 D；没有严重违纪情况；不能是被调查人员，特殊情况下需要有权限的领导批准；还要符合企业要求的其他条件。

（2）定量

个量分配和总量确定。

① 个量：每位激励对象可获得的激励额度，根据“二八定律”重点激励核心成员，做到公平公正，用绩效和个人价值说话。

② 总量：个量的加总与可能的预留部分之和，也表示着股东愿意让员工参与分享企业收益的力度。

预留部分需要解决两个问题：谁代持，预留目标如何给予、如何分配。有投资公司平台的，由投资公司代持；没有投资公司平台的，由管理团队负责人代持。预留目标如何给予、如何分配的具体内容需要体现在股权激励的管理机制中。

管理团队及管理团队负责人的持股比例及具体内容如下所示。

a. 参股企业属探索性业务、非确定战略主打方式，按市场化原则确定管理团队持股比例。

b. 投资控股企业有创新突破型企业和运营型企业。

创新突破型企业：管理团队持股比例不超过企业注册资金的 20%，管理团队负责人持股比例不超过管理团队出资比例的 50%。

运营型企业：管理团队持股比例不超过企业注册资金的 10%，管理团队负责人持股比例不超过管理团队出资比例的 30%。根据标的估值，当估值高时，可压缩团队的持股比例；当估值低时，可增加团队的持股比例，以确保利益平衡。

创新突破型企业在实现突破过程中借助或大量借助集团的既有资源导入时，管理团队的持股比例向运营型企业转化，持股比例不超过企业总量的 10%。

由合伙企业作为企业投资人的，要求合伙企业明确备案合伙人的组成情况，相应的合伙人机制文件、激励机制与分配机制，转让或退出关系。

（3）定价

定价按集团并购或投资时的相关文件和企业章程执行。

（4）定时

① 创新突破型企业：明确里程碑要求，判断创新突破的进度和当时战略实现的关系，激励力度、兑现力度、代持股权的分配情况需在每个子企业的具体股权激励管理机制的文件中有明确说明。

② 运营型企业：建议持续性激励。

其他相关内容有如下几个方面。

a. 两个来源。按企业并购或投资时的相关文件执行；按企业章程执行。

b. 考核机制。创新突破型企业按里程碑进行考核，运营型企业按照绩效合同执行。当年的经营计划可大部分引用，但需增加战略协同目标，避免短期效益，使企业持续发展。

c. 兑付方式。需要一事一议，并将其纳入激励机制中。

d. 合伙人可以持有股份比例的规定。新建企业且属于挑战性很大的，或者按照行业通常采用的激励方式，比如互联网创业平台，可以给予合伙人企业上限30%的股份额度，团队负责人通过合伙企业可以给予上限10%的额度；新建企业且属于集团产业链延伸或者利用集团既有优势运营发展的企业平台，可以给予合伙企业上限20%的股份额度，团队负责人通过合伙企业可以给予上限7%的额度；并购企业或者运营中企业且符合行业特点的，比如有盈利模式的制造业企业平台，可以给予合伙企业的股份比例通常不超过10%，注册金额较大的，比例酌情调整，团队负责人通过合伙企业可以给予上限3%的额度。对于合伙企业参与持股某企业股权的情况，该企业的股权结构需经集团领导审批后方可注册备案。

e. 合伙企业中持有股份的比例规定。合伙人通过成立合伙企业（一般为集团安排投资管理公司作为普通合伙人，事业合伙人作为有限合伙人共同组成的有限合伙企业）间接持有目标企业股权的方式持股；集团安排投资管理公司或者管理人员在合伙企业中作为普通合伙人，普通合伙人可持有一定比例合伙股份，未激励量化至具体合伙人的股权或因合伙人退出应当回购的股权，暂由普通合伙人持有；合伙企业核心人员可以持有上限35%的合伙企业股份，其他人员依次减少，通常预留股份不少于20%。特殊情况须由集团根据上述规定进行调整或者额外批准。

f. 合伙企业管理。有限合伙企业作为小股东的情形，非集团员工的合伙人单独成立合伙企业，对该合伙企业的管控应通过企业章程管理；集团内员工参与成立的合伙企业应该有企业安排的普通合伙人进入，将合伙企业动态变化及时告知合伙人管理小组审核。

g. 合伙人持股比例变动按照企业章程、持股协议或具体股权激励计划规定执行。

h. 退出机制。合伙人若发生以下情形之一，不能继续持有企业股份，按照入股时投资金额退回所持股份。年度绩效考核结果不合格的；触犯法律的；合伙人辞职或者无论因何种原因与企业不再存续劳动或合作关系的；企业有充分证据证明合伙人在任职期间，由于挪用资金、职务侵占、盗窃、泄露经营和技术秘密等损害企业利益、声誉的违法违纪行为，或者严重失职、渎职行为，给企业造成损失的；企业董事会认定其严重违反企业有关规定的。

第六章　绩效管理

第一节　绩效管理和企业战略

当今是市场环境飞速变化与竞争异常激烈的时代，这种变化与竞争给企业带来了巨大的挑战。企业的生存与发展都离不开企业正确的战略决策，也离不开绩效管理。绩效代表着企业人力效益的发挥情况，科学的绩效管理对企业战略的实施与达成有着不可估量的作用。

绩效管理与企业战略是紧密相连的，它们相互影响、相互制约。绩效管理以企业战略为导向，企业战略决定绩效管理。对企业来说，绩效管理是增强战略执行力的一套方法，它将个人业绩、个人发展与企业目标有机结合，通过持续改善个人业绩和团队业绩来改善企业业绩，并确保企业战略的执行和业务目标的实现。

既然绩效管理如此重要，那么什么是绩效管理呢？

学界研究百花齐放，关于绩效管理的定义众说纷纭，我们采纳的是业界通行的说法。简单来说，绩效管理是以支撑战略实现为目标的绩效管理系统，包含通过战略分解而得到的各层级目标与指标的设定；是客观反映员工目标达成情况的考核依据，是以提升绩效表现为目的的反馈机制，是通过绩效考核结果为人才优胜劣汰提供依据的管理体系。

绩效管理通过绩效考核来实现，而绩效考核目标则源自企业战略和经营计划。一般而言，集团性质的企业战略往往以 IBM 公司于 2003 年研发的 BLM 模型（业务领导力模型）为主要依据。该模型主要从九个方面协助管理层进行经常性的战略制定、调整及执行、跟踪，这九个方面分别是：市场洞察、战略意图、创新焦点、业务设计、关键任务、正式组织、人才、氛围与文化以及领导力（图 6–1）。

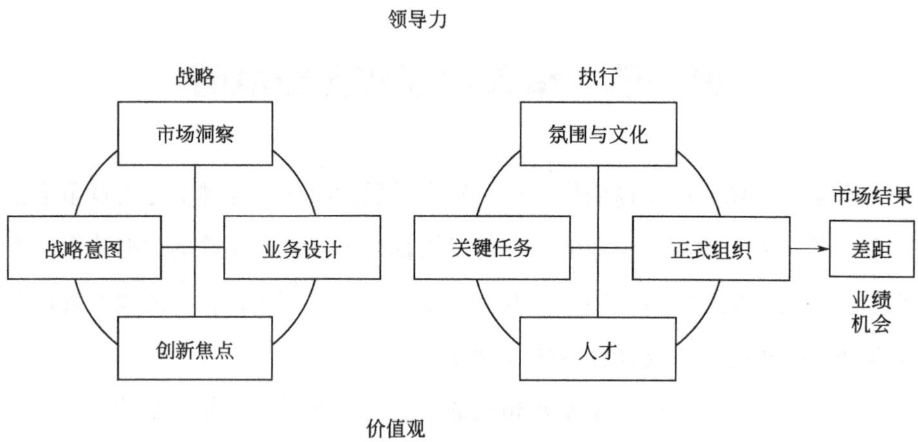

图 6–1　企业战略结构

以 H 集团为例，H 集团倡导的“业务领导推动和主导的、结构化和纪律性的、基于事实基础的对话和协作过程”的战略制定过程遵从的正是 BLM 模型指导理论。绩效管理是战略和经营管理闭环的重要抓手，也是促成企业一致行动的重要工具，所以绩效目标必然来源于企业战略和经营计划。每年 8 月集团会召开战略研讨会；10 月启动集团的经营计划制订工作，确定下一年经营目标；12 月启动下一年绩效目标的制定工作，要求各企业、组织百分百承接相应的经营目标。

综上所述，绩效管理对企业战略意义重大，企业应当加以重视。

第二节 PDCA 循环管理

绩效管理是企业通过管理层与员工之间连续进行的业务管理循环过程。传统企业的绩效管理往往注重的是系统的某一部分，管理较为宽松，业绩压力相对较小，甚至不少企业的绩效管理像是做游戏，人力资源部门发表格，员工填表格。但这种绩效管理难以适应激烈的市场竞争环境，现在大多数企业采用的是现代的绩效管理方法，即 PDCA 循环。以下我们将就绩效管理的主要工作进行简要论述。

一、绩效考核指标制定与分解

绩效考核指标是实现绩效管理的重要依据。如何制定绩效考核指标并将其分解显得尤为重要。

1. 绩效指标制定与分解

绩效指标的制定要以企业战略为出发点，按照 BLM 模型的逻辑，战略执行要素中关键任务（关键硬仗）的明确是执行的细节，关键任务是连接战略与执行的要点。

将关键任务执行过程中的障碍形成关键任务事项，制订行动计划，并依据行动计划和组织核心职能要求，形成一级业务单元的经营计划，以经营计划为重要输入内容，确定核心管理者的绩效指标。

依托战略共识形成的战略主题，承接经营计划，结合部门使命与职责，制定合理的绩效衡量指标及目标值，最终形成绩效合同。绩效指标制定流程及要求分别如图 6-2 和表 6-1 所示。

不同企业所制定的绩效考核方法不同，这里介绍一种常见的绩效考核方法——平衡计分卡（Blanced Score Card，简称 BSC）。该计分卡本质是系统性的战略管理体系，主要从财务、客户、运营、学习与成长四个角度出发，将企业的战略落实为可量化的衡量指标。下面我们以 H 集团为例进行说明。

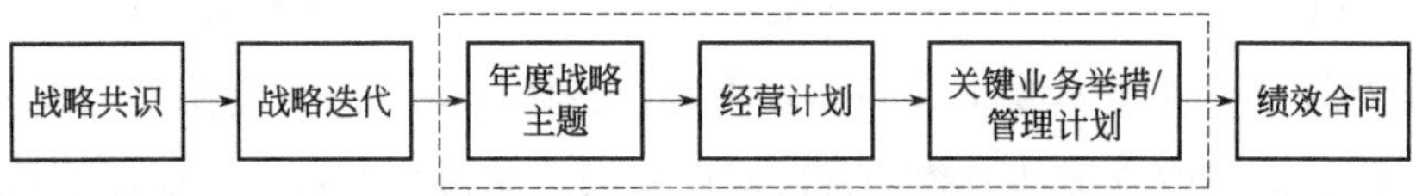

步骤1：依据年度战略重点形成年度经营计划
承接战略重点，结合企业或部门职责定位，形成年度经营计划，明确经营目标

步骤2：形成关键业务举措/管理计划
说明通过哪些关键业务举措达成年度经营目标，形成管理计划（明确关键举措、成功的衡量指标、里程碑、责任人，务必说清楚需要支持什么）

步骤3：形成绩效合同
要以经营计划、管理计划为输入，制定个人的绩效合同
要关注横向指标的协同

图 6–2　绩效指标制定流程

表 6–1　绩效指标制定要求

指标及考核标准设置原则	指标数量、权重要求
1. 总监及以上核心管理者考核指标需要包括财务指标、过程指标、发展指标（给组织核心竞争力带来的贡献）三种类型，目标要具有挑战性和适应性； 2. 绩效指标定义、评分标准不能含糊不清，要符合 SMART 原则，3 分标准应为 100% 达成，4 分、5 分标准要有挑战性； 3. 所有定量考核指标均需要标明数据来源，考评数据需与第三方确认； 4. 非量化指标要有里程碑或过程的评分标准； 5. 跨板块、跨部门的项目类指标，由项目负责人审核绩效指标，进行考核打分	1. 指标数不多于 8 个； 2. 每个指标的权重不高于 30%； 3. 每个指标权重不低于 5%； 4. 指标权重最好取 5 的倍数

H集团是国内知名的药企上市集团，采用KPI的方式进行绩效考核管理，集团人力资源部门综合分析集团内外环境及拥有的资源，从集团的战略目标入手，参照BSC平衡计分卡来确定三个指标类型，即财务指标（财务层面）、过程指标（客户层面、运营层面）、发展指标（学习与成长层面）。

（1）财务指标

财务指标是衡量集团是否盈利的重要因素，其执行效果对于企业效益来说至关重要。财务指标的衡量指标有营业收入、成本、利润率等。

（2）过程指标

过程指标是指直接支撑财务指标达成的指标，包括客户层面、运营层面，其衡量指标有生产产量、业务拓展数量/比率、客户满意度、不良资产率等。

（3）发展指标

发展指标指支撑企业未来发展的指标，包括学习与成长层面、生存资质等，其衡量指标有关键人才流失率、行业相关资质申报结果等。

当然，企业想要完成绩效目标，光有这三个关键指标是不够的。它需要集团上下通力协作，不同层级之间鼎力配合，因此集团提出了“三层一致”的管理理念，从横向和纵向两个维度来分解绩效目标。

横向绩效目标分解：集团将绩效目标当作整体，分解给各部门、单位，相关部门、单位各自完成自己业务内的目标要求。横向分解是通过集团战略项目会议和经营计划审定会议来实现的，横向分解的一致性决定部门间的协同效率。

案例分享

某企业计划全年销售总额为××亿元，任务看上去非常艰巨，但将此目标分解给各部门，就可以把××亿元分配到不同的部门，各部门实现自己业务范围内的绩效指标（表 6–2）。以此类推，×× 亿元这个庞大的数字就被拆解为各部门 ××× 万元，最后各部门相加之总和即为企业全年销售目标总额。

表 6–2　销售额分配计划表

组织整体目标	关键业务流程	关键业务绩效指标	涉及部门或团队
全年完成销售额 ×× 亿元	销售管理流程	零售销售额（×× 元）	销售部
		大客户销售额（×× 元）	
	售后服务管理流程	售后销售额（×× 元）	售后部
		客户满意度市场排名	
	市场管理流程	品牌市场影响力市场排名	市场部
		新产品发布会成功举行	
	经销商管理流程	经销商店铺数量	网络发展部
		经销商能力培训	
	人员管理流程	按区域分布和经销商数量配置的销售人员数量	人力资源部

通过横向维度分解目标，各业务部门对自己的责任与目标了然于胸，在完成横向分解后，即可将部门目标进一步纵向分解到部门内的每一个团队或员工身上。最终的原则是，每个团队或员工的业务指标相加应该等于部门的总绩效指标。

纵向绩效目标分解：这是绩效目标分解的第二步，就是将部门整体目标分配给团队中的每个人。每名员工按照部门总绩效目标“领取”自己的工作任务，在年底时，个人绩效目标之和即为部门总绩效目标。纵向分解的一致性决定执行方向不跑偏，最终完成集团全年总目标。纵向维度下绩效目标分解如图 6–3 所示。

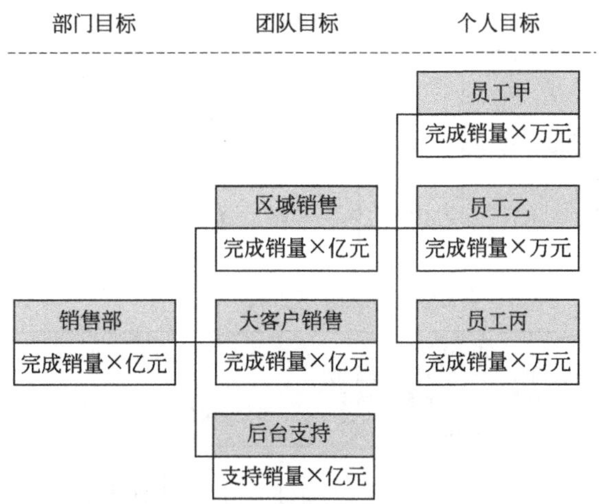

图 6-3　纵向维度下绩效目标分解

纵向分解目标可以视情况而定，没有必要统一，更不能搞“一刀切”。集团在分解目标时要充分考虑各部门原来的习惯做法，将权力下放，交由各层级逐层合理安排目标，具体做法如下。

① 从集团到核心管理层：通过经营计划审定会议，明确一级组织的“关键硬仗”以及期望的成功状态（成功的样子），这些核心内容将成为核心经营班子主要的年度绩效考核指标。

② 从核心管理层到部门：企业核心管理层通过会议形式向下传达企业“必打硬仗”的背景、目标，讨论形成行动计划，并将行动计划分解到各部门，成为各部门负责人年度绩效考核指标来源；部门负责人再根据各个岗位的职责，将部门年度目标向下分解至基层员工。

③ 其他措施：利用企业绩效系统，给员工开通查看上级领导绩效指标的权限，有助于员工了解并分解上级承接的绩效任务。

在分解的过程中，管理者会将集团战略、企业的管理要求、业务发展方向等信息传递给基层员工，这样既确保了企业经营计划的百分百承接，又保障了上下思想、行动的一致性。指标分解方法如图 6-4 和图 6-5 所示。

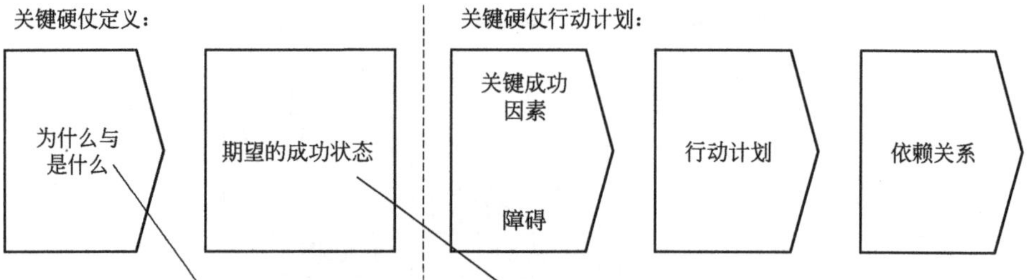

年度绩效考核指标汇总表

序号	指标名称	指标分类	指标定义(如指标为量化指标，需说明其计算公式；非量化指标需说明其各阶段交付物)	评分标准					权重	备注
				5分	4分	3分	2分	1分		
1		量化				100%完成				
2		非量化				100%完成				

形成核心经营班子成员的主要考核指标和标准(并非全部指标)

图 6–4　指标分解方法 1

细化的行动计划：

关键行动	
成功标准	

负责人	
交付效果	

行动事项	里程碑标准	行动计划	负责人	截止日期	费用

年度绩效考核指标汇总表

序号	指标名称	指标分类	指标定义(如指标为量化指标，需说明其计算公式；非量化指标需说明其各阶段交付物)	评分标准					权重	备注
				5分	4分	3分	2分	1分		
1		量化				100%完成				
2		非量化				100%完成				

形成中层管理者的主要考核指标和标准(并非全部指标)

图 6–5　指标分解方法 2

绩效目标制定启动之时，集团人力资源部门同时发布《绩效管理指南》，这份《绩效管理指南》对绩效合同制定做出了明确规定，这也是绩效目标完整制定的核心。

2. 常见绩效考核指标的特色

传统绩效考核往往偏向于被考核者的单项考核（90 度考核），但理论和实践证明，这种考核方法弊端很多。当今的绩效考核指标则偏向于全面性、量化性、合理性。以下我们将简单介绍几种当代企业常见的绩效管理实操方法。

（1）BSC（平衡记分卡）考核绩效指标

平衡记分卡的优点是依据战略目标分解，形成具体可测的指标，利用数据分析来判断企业是否向着战略目标制定的方向前进，使指标具有可测性。同时，它也考虑了财务和非财务、内部客户和外部客户，兼顾短期利益和长期利益，为企业按照预先制定的战略目标指引方向。

（2）提升量化指标占比

KPI（关键绩效指标）是近年来备受企业推崇的指标概念。根据“二八定律”，80% 的工作可由 20% 的关键行为决定。KPI 指标数量的设置宜少不宜多，指标数建议为 5 ～ 8 个，每个指标的权重为 5% ～ 30%，并且指标权重最好取 5 的倍数，这样保障了绩效合同中只保留关键型指标，以更好地聚焦行为。运用 KPI 做策略性指标分解，就可以将企业战略目标与个人绩效目标绑定，员工努力实现个人绩效目标的同时，也完成了企业的总体战略目标，最终达到双赢。量化关键行为指标，使数据从抽象到具有可操作性，通过调整 KPI 使员工绩效行为与企业目标要求相吻合，从而提高绩效考核的效率。

之所以在绩效目标中引入 KPI，是因为 BSC 将企业的战略目标分解为几个子目标，从而形成各个组织的目标。BSC 考核绩效指标是根据因果关系对企业的战略目标进行划分，但它是以岗位为核心进行目标分解，想要分解到个人却很难。BSC 考核绩效指标在个人关键素质要求方面体现不明显，所以我们又运用了 KPI 的方法，作为各层级关键指标的提取工具，形成完整的指标体系。

（3）五分制评价标准

五分制中，1 分代表可以接受的最低要求的目标值，低于 1 分要求的，此项指标得分为 0；2 分代表略低于基本标准，对结果无严重影响的目标值；3 分代表此项指标期望的目标值，即 100% 达成目标；4 分代表具有一定难度，但通过努力可以达到的目标值；5 分代表高于预期目标，在已知条件下具有相当难度，取得重大突破后可以达成的目标值。五分制比百分制的空间小，既大大降低了管理者主观评判因素的影响，也强化了量化指标考核的操作性。

（4）设置公共考核项指标

公共考核项包括年度预算完成率、人效、团队建设等一些通用类指标，适用于企业总经理、部门负责人。具体内容如表 6-3 和表 6-4 所示。

表 6-3　管理者绩效合同中指标汇总表

指标类别	序号	指标名称	指标分类	指标定义（如指标为量化指标，需说明其计算公式；非量化指标需说明其各阶段交付物）	评分标准					权重	备注
					5 分	4 分	3 分	2 分	1 分		
财务指标	1		量化				100%完成				
	2		非量化				100%完成				

续表

指标类别	序号	指标名称	指标分类	指标定义（如指标为量化指标，需说明其计算公式；非量化指标需说明其各阶段交付物）	评分标准					权重	备注
					5分	4分	3分	2分	1分		
过程指标	3										
	4										
发展指标	5										
	6										
	7										
	8										
合计										100%	

注：1. 绩效合同中，目标只可在经营主题或经营目标调整变动后进行修改，需于新目标变更生效日前10个工作日提出书面申请，经总裁书面批准生效；

2. 除本指标汇总表所列明的指标外，若出现《绩效合同实施细则》中列明的减分项，则在绩效合同达成评估时依规定减分，若出现《绩效合同实施细则》中列明的红线和问责行为，则根据相关制度进行处罚和问责；

3. 绩效合同受约人要接受集团以各种形式进行的绩效合同检查和质询，对检查存在的问题按期、保质进行工作改进，无条件接受未按期达成绩效目标时依照企业管理制度进行的处罚，包括降级、调岗、降薪等处理；

4. 本合同一式两份，受约方、发约方各执一份，作为受约人当年度绩效考核依据

受约人：　　　　发约人：

受约代表职位：　　　　发约代表职位：

受约代表签字（盖章）：　　审核人签字（盖章）　　发约代表签字（盖章）：

签署日期：　　　　签署日期：

表 6-4 管理者绩效合同中指标分解表

指标名称	指标定义	计算公式（量化指标）	季度目标值				数据来源（第三方评价人姓名）	备注
			一季度（1～3月）	二季度（4～6月）	三季度（7～9月）	四季度（10～12月）		
××检验合格率	指产品检测过程中合格数量占总检验产品数量的比例	完成率 $=\frac{A}{B}\times100\%$	100%	100%	100%	100%	甲	
××认证项目	×月完成×××交付物	—					乙	

3. 绩效考核指标注意事项

在绩效考核指标制定过程中，为了保证绩效考核目标的合理性和时效性，还需要注意两点。

第一，跨部门协作、沟通。绩效考核指标不只是人力资源部门一个部门的工作，它是一个系统性工程，需要全企业各部门、单位的配合，通过协同会议的方式完成跨部门的沟通与协作。

比如，生产部门制定年度产量目标时，不可能由本部门决定，而是需要销售部门提供年度销售目标、研发单位提供产品上市计划。此时就需要召开制定绩效的协同会议，这就是绩效目标“三层一致”的横向分解方法。

财务部与其他业务部门之间常常出现上述类似的情况。大多数业务部门在制定绩效考核指标时，往往绕不开财务部门，需要财务部门提供企业的销售收入、利润、成本等财务考核指标，所以财务部门在绩效考核目标制定的阶段就需要介入，并与业务部门负责人达成共识。

第二，明确绩效考核指标制定的完成时间。绩效考核指标的制定涉及方方面面，如果不规定完成时间，将会出现很多问题。在现实中，虽然人力资源部门再三申明提交绩效考核指标时间，但事实上，很多部门往往“充耳不闻”，使人力资源工作陷于被动。为了杜绝这种事情的发生，企业应当明确规定提交时间，否则严惩。以 H 集团为例，明确规定“绩效合同和绩效计划制订需要根据企业相关管理规定和通知，在要求的时间内完成，如果在规定的时间内未完成且经由人力资源部门催办仍未完成的，将按照当年签订的经营计划书（指标目标作为三分标准）和企业通知的绩效目标进行考核（该考核结果仅作为是否胜任的依据，不作为奖金发放依据）。如在企业启动考核流程时仍未提交本人绩效合同或绩效计划，则停发当期绩效奖金，直至绩效合同或绩效计划制订完成”。

二、绩效执行与绩效考核

1. 绩效执行

完成绩效考核指标的制定之后，绩效管理便进入执行阶段。打个比方，绩效管理如同打仗，绩效指标如同作战计划，制订完作战计划后，全企业上下所要做的便是作战，后勤部门提供资源、服务，销售部门等负责冲锋陷阵，开拓市场，全力完成企业的战略目标。

对企业来说，监督绩效指标实施过程，进行阶段性结果检验是企业明确绩效执行的有效手段。一般来说，每个企业都会定期召开经营分析会议，如月度、季度经营会议，不管是集团级别、板块或者事业部级别、企业级别的会议，都会对绩效指标完成情况进行总结。

各业务负责人分别在会议上汇报上次会议相关任务的执行进展，未完成指标的相关业务负责人在会议上要做重点报告，分析未完成的原因和接下来的应对策略，以及如何完成剩下的指标。

如此一来，经营管理和绩效管理相互结合，人力资源部门就不再是被动的考核执行者，而是经营管理的推动者，整个经营管理过程中有人力资源部门的参与，也可以提升人力资源部门在企业经营和业务部门管理中的影响力。

2. 绩效考核

绩效执行程度如何，需要用绩效考核来量化。现在大多数企业都有绩效考核制度，目的就是用科学、合理的考核方式，将企业员工的工作成果与企业目标进行对比，进而综合掌握员工的工作任务完成情况、履职态度等综合信息，并反馈给上层领导与员工本人，使企业与员工共同成长。

绩效考核一般分为定期考核和不定期考核。定期考核分为月度考核、季度考核、年度考核，薪酬规则中绩效奖金部分通常按照定期考核结果进行核算发放；不定期考核是指针对企业运营状态采取抽查形式，抽取部分负责人或者重点项目进行考评，考核方式可以为专项考核、会议汇报、专项工作述职、现场答辩、实地考察等多种方式。以下就这两种绩效考核分别进行简要说明。

（1）定期绩效考核

每个企业都有自己的考核办法，一般来说，定期考核是按照岗位职级、岗位职责的不同来确定考核周期，通常是这样的模式：集团高管为年度考核，总监和中层管理者为季度考核，基层员工为月度考核；部分参与项目的员工，采用额外的考核方式。

考核依据是年初制定的绩效指标和绩效指标分解表，由多方进行评价，涉及员工本人、数据第三方、直接上级、间接上级、人力资源部门人员，评价过程中要注意多方评价人的意见。

在做绩效考核工作时，人力资源部门应遵循公平、公正、公开的原则，确保绩效结果客观、准确。考核结果的量化指标、第三方评价提供的数据必须真实准确，因为第三方数据是人力资源部门在考核评估时可接受的唯一的数据来源，人力资源部门不仅要对第三方评价进行严格的筛选，还要对其提供的各指标数据结果严格把关，做到对考核人负责。绩效考核评价表，如表 6–5 所示。

表 6–5　绩效考核评价表

<table>
<tr><td colspan="13">绩效考核评价表（　年　月　日～　年　月　日）</td></tr>
<tr><td colspan="13">部门＿＿＿＿　姓名＿＿＿＿　岗位＿＿＿＿　考核周期＿＿＿＿</td></tr>
<tr><td colspan="3">计划</td><td colspan="5">评分标准</td><td rowspan="2">权重</td><td rowspan="2">第三方评价</td><td rowspan="2">自评完成情况</td><td rowspan="2">直接上级评分</td><td rowspan="2">间接上级评分</td></tr>
<tr><td>序号</td><td>指标名称</td><td>定义（量化指标确定计算公式和项目性指标描述，包括时间、成本、工作质量、交付物等内容）</td><td>5 分</td><td>4 分</td><td>3 分</td><td>2 分</td><td>1 分</td></tr>
<tr><td>1</td><td></td><td></td><td></td><td></td><td></td><td></td><td></td><td></td><td></td><td></td><td></td><td></td></tr>
<tr><td>2</td><td></td><td></td><td></td><td></td><td></td><td></td><td></td><td></td><td></td><td></td><td></td><td></td></tr>
</table>

续表

计划			评分标准					权重	第三方评价	自评完成情况	直接上级评分	间接上级评分
序号	指标名称	定义（量化指标确定计算公式和项目性指标描述，包括时间、成本、工作质量、交付物等内容）	5分	4分	3分	2分	1分					
3												
4												
5												
6												
总计												
绩效等级：S（4.5分及以上）、A（3.4～4.4分）、B（2.7～3.3分）、C（2.2～2.6分）、D（2.1分及以下）												
直接上级评语（必填项）：												
间接上级评语：												

本人签字		考核人签字		审批人签字	

凡是有第三方数据来源的指标，在考核时必须由第三方评价该项指标的完成情况，被考核者不能自评；若没有第三方数据支撑，则先由被考核者自评，再由直接上级、间接上级依次打分，最后由人力资源部门审核。第三方数据来源，如图 6-6 所示。对于评分过程中发生的意见分歧，应由人力资源部门相关责任人协调沟通，最终统一意见，形成有效的绩效结果。

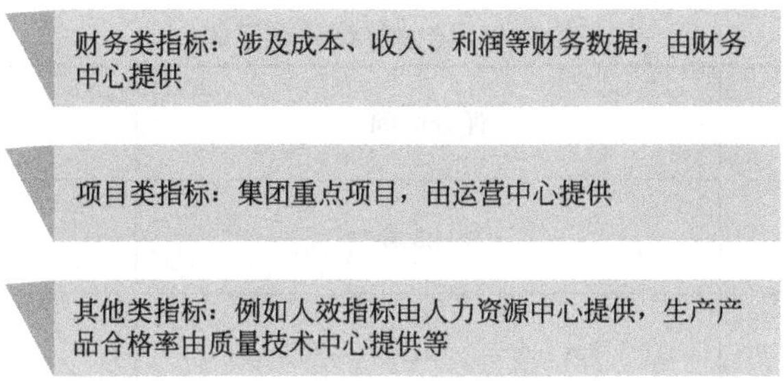

图 6–6　第三方数据来源

绩效考核过程中需要大量的数据支持，此时就需要企业有完整的数据系统作为业务支撑，这样既能实现人力、财务、业务等相关数据互通，又能更好地提升绩效考核的效率。比如，在企业的业务系统中，销售收入数据可以自动链接到绩效系统中，如此一来销售收入完成情况的绩效指标就可由系统导入，甚至是直接计算出该项指标的得分，上级领导在打分时做数据复核就可以了。这样，在统计绩效数据的整个过程中不仅可以节省大量的人工成本，还能将员工从烦琐的工作中解放出来，去完成其他计算机无法处理的工作。

绩效考核结束后，企业要将其量化，一般而言绩效考核采取等级制。等级制方式多种多样，以下介绍一种常见的等级制绩效考核方式，它分为五档：S、A、B、C、D。其中 S 代表卓越，绩效明显超过预期目标，履职情况都非常突出；A 代表优秀，实际绩效完全达到或者超过预期目标，工作中主要方面取得突出的成绩；B代表良好，绩效基本上达到预期目标，工作上没有突出表现，也没有明显错误；C代表不合格，绩效没达到预期目标，工作上表现较差；D代表差，绩效远没有达到预期目标，工作履职情况糟糕，不符合岗位定位。单个指标的得分与权重相乘，每项指标得分相加为绩效考核总分，再对照绩效等级分布区间（表6–6）确定最终的绩效等级，也就是绩效结果。

表6–6 绩效等级分布区间

等级	评分区间	强制分布
S（卓越）	≥ 4.5分	≤ 10%
A（优秀）	3.4（含）～4.5分（不含）	≤ 10%
B（良好）	2.7（含）～3.4分（不含）	≥ 80%
C（不合格）	2.1（不含）～2.7分（不含）	
D（差）	≤ 2.1分	

绩效考核结束后，评估绩效结果。在这一环节中，大多数企业会采用强制正态分布法。

强制正态分布法，也叫强制分布法，该方法是根据正态分布原理，预先确定评价等级以及各等级在总数中所占的百分比，然后按照被考核者绩效的优劣程度将其列入其中某一等级。

有评估就有等级，有等级就有好坏，有好坏就有淘汰。末尾淘汰制是企业竞争的不二法则，此方法被认为是企业保持活力的方法之一。若以业绩为横轴，以达到业绩的员工数量为纵轴，可画出一条正态分布曲线，将曲线中企业的员工分为A、B、C三类，排名靠前的A类员工占20%，排名中间的B类员工占70%，排名靠后的C类员工占10%。

对于A类、B类员工，建议企业采取留用、重用措施，如以工资、股票期权、职位晋升为奖励，A类员工的奖励要远高于B类员工，方能获得奖励先进、鼓励后进的效果。对于C类员工，建议企业对其观察一段时间，如有改善可以继续任用，若没有则要淘汰。

强制正态分布法适用于规模较大、人员较多的企业，理由是：第一，操作简单，具有清晰的等级划分，且不同等级被赋予不同的含义；第二，刺激性强，将奖惩与员工的日常工作密切联系在一起，所谓赏罚分明，其计必成；第三，区分性显著的强制正态分布法可以避免由于考核过严或过松出现偏颇的情况。

由于具有较好的激励作用，强制正态分布法广受企业的欢迎。不过，凡事有利就有弊，企业采取强制正态分布法做绩效考核时也应注意与自身的企业文化、企业制度、企业战略相结合。

（2）不定期绩效考核

除了定期考核以外，企业往往会以不定期考核作为补充，常用的有三种方法，即专项考核、项目考核、述职汇报。

① 专项考核：通常针对某一专项工作，可以是因某一项目从子企业或各部门临时抽调人员组成团队，专项考核就是对这个团队人员的一项考核方案。

企业会设置量化考核指标，且有第三方数据来源做客观评价，奖励、扣罚的规则清晰，被考核人与考核人双方签字确认。奖罚规则既可以与绩效奖金挂钩，也可以结合企业具体的薪酬政策、激励政策操作。

不过，需要特别指出的是，专项考核不适合放入个人的年度绩效指标中，因为在绩效指标数量不变的情况下，专项考核指标将降低其他指标的权重占比，甚至会削弱关键指标的制约力度。我们都知道，实际工作是复杂多变的，如果将每一项重要工作都放入绩效指标中，那么将会陷入指标越来越多但指标分量越来越轻的局面。此外，人力资源部门和被考核者的工作量还会因绩效指标不断变更而增加。

② 项目考核：对企业而言，企业运营除了正常项目之外，还会有重点项目。重点项目是企业战略层面主抓的，它会影响企业战略，是年度必达的任务，是需要多部门协同完成的任务，重点项目的目标和数量要依据企业年度战略和经营计划而定。

为了确保这些项目有效执行和落地，企业通常会成立专项领导小组专门负责，抽调精锐人员来负责推行项目。企业还会制定项目考核方案，明确奖惩规则。

奖惩规则既可以与绩效奖金结合，也可以与企业项目管理有关制度结合。因为项目的协同性较强，所以需要定期召开项目小组会议来追踪项目进度，企业最高领导层往往会出席项目小组会议，确保项目任务分解的合理性和执行的有效性。

③ 述职汇报：一般是业务部门的工作人员，进行以陈述业绩为主的部门陈述。一般是下级向上级汇报，汇报的内容有岗位职责履行情况、完成工作任务的成绩、缺点问题、设想、自我回顾、评估等。述职一般在员工转正、晋升的情况下进行。

例如 H 集团每年 6 月份启动中期干部评估工作。以述职汇报的形式，用干部评估和企业经营计划管理相结合的方法，总结上半年绩效指标和管理举措，预判下半年指标达成率，得出业绩达成（聚焦数据）和企业管理要求落地（有效行动）的评估结果。

中期述职汇报既是解决经营管理问题的抓手，也是干部评估的重要方法。下面以 H 集团的绩效评估为例进行详细说明。

评估需要用评估工具来量化，H 集团采用打分和数据评估结合的方法，个人业绩用数据，管理要求用打分，分成三个分数段，4 ～ 5 分为优秀，3 分为合格，2 分（含）以下为较差，详见表（表 6–7）。

表 6–7　干部中期工作总结评议表

序号	姓名	评价指标	
		半年度业绩完成情况（从达成角度看量化数据）	集团管理要求落实情况（从落实角度看数据和结果）
1			
2			
3			

单项指标打分规则说明：0 ～ 5 分取整数打分，4 ～ 5 分为优秀、3 分为合格、2 分（含）以下为较差。

评估人签字：

通过评估，H 集团得出了四种结果，如图 6–7 所示。

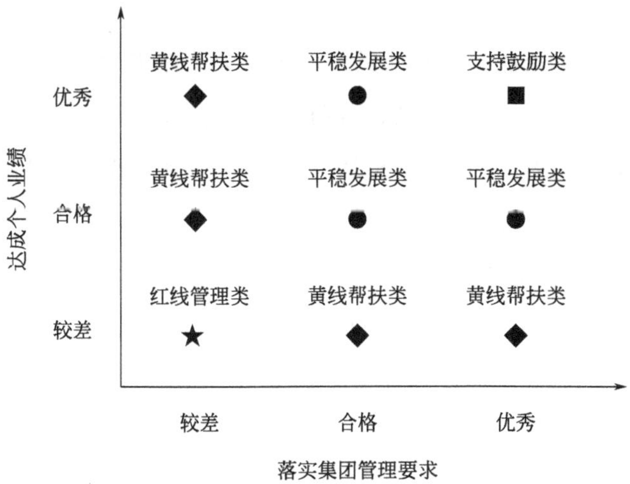

图 6–7　干部评价矩阵图

第一，业绩达成优秀，也能较好地落实集团管理要求的，列入“支持鼓励类”。

第二，业绩正常达成，并且按要求落实集团管理的，列入“平稳发展类”。

第三，业绩达成但未能较好地落实集团管理要求；或者业绩达成欠佳，但较好地落实集团管理要求的，列入“黄线帮扶类”。

第四，与“支持鼓励类”相反的表现，列入“红线管理类”。

对于以上四种结果，企业应当区别对待，要采取措施，奖励业绩达成优秀并能落实集团管理要求的干部；对于业绩未达成的干部要进行惩罚，对于没有落实集团管理要求，甚至出现不执行集团命令的干部，则要进行严肃处理。对“黄线帮扶类”人员企业也会给予考察、培训、转岗的机会。

三、绩效辅导与绩效反馈

1. 绩效辅导

绩效辅导是指企业管理者与员工讨论有关工作进展情况及存在的问题、解决办法，以及员工取得的成绩，帮助员工提高的过程。

绩效辅导贯穿整个绩效管理环节，内容包括为绩效管理系统建立初辅导、绩效系统实施前辅导、绩效考核实施过程中辅导、绩效反馈与评估时的辅导等。从支持内容来看，绩效辅导分为两种：一种是管理者给员工提供技能和知识支持，辅助员工矫正偏离目标的工作行为；另一种是管理者调集人力、物力等资源支持员工开展工作，协助其完成工作任务。

绩效辅导可以预见问题的出现并将问题于无形之中解决，管理者在日常工作中要及时与下属进行正式和非正式的绩效沟通与辅导，共同讨论问题、解决问题、排除障碍，这是一个共同提高的过程，也是以实现最终绩效目标为目的的辅导。

2. 绩效反馈

绩效反馈是绩效管理过程中，在绩效制定、绩效考核后的一个重要环节。它是指考核者与被考核者就被考核者在考核周期内的绩效情况进行沟通，考核者在肯定被考核者成绩的同时，指出考核者的不足并提出改进意见，最终使绩效考核结果得到认可。

绩效反馈工作做得好与坏，直接影响到绩效考核的目的。绩效反馈一般包括阶段工作目标，员工完成目标过程中的优良表现，指出需要改进的地方，协助下属制订绩效改进工作的计划。绩效改进计划表，如表 6-8 所示。具体而言，可以从五个方面入手：

① 做好时间安排，比如每个季度一次；

② 绩效结果通报，如将绩效考核成绩、工作态度、改进意愿等进行通报；

③ 绩效分析与改进，分析员工绩效，明确改进措施；

④ 沟通协商，做好准备工作、注意面谈氛围的营造，并确保公开、公正、公平；

⑤ 资源配置，与员工达成共识，调配资源，帮助其改进提高。

3. 绩效面谈

绩效面谈是绩效管理工作中非常重要的环节。通过绩效面谈，企业管理者与员工之间能就工作情况进行沟通与确认，明确工作优势，找出不足并制定改进方案。从工作的进行程度来划分，绩效面谈大致可以分为三大类：初期的绩效计划面谈、推进中的绩效指导面谈、绩效考评总结面谈。

表 6-8　绩效改进计划表

<table>
<tr><td colspan="6">绩效情况沟通记录</td></tr>
<tr><td>部门</td><td></td><td>姓名</td><td></td><td>职位</td><td></td></tr>
<tr><td>面谈
时间</td><td></td><td>面谈
地点</td><td></td><td>考核时间
考核等级</td><td>年　月
（□C　□D）</td></tr>
<tr><td>面谈
记录</td><td colspan="5">绩效不合格或差的原因：
需努力的方向：
其他方面：</td></tr>
<tr><td colspan="6">绩效处理意见：　□在岗改进　□培训</td></tr>
<tr><td colspan="6">绩效关键改进点（选择在岗改进时填写）</td></tr>
<tr><td>改进点</td><td colspan="3">改进措施</td><td>预期改进目标</td><td>完成时间</td></tr>
<tr><td></td><td colspan="3"></td><td></td><td></td></tr>
<tr><td></td><td colspan="3"></td><td></td><td></td></tr>
<tr><td></td><td colspan="3"></td><td></td><td></td></tr>
<tr><td colspan="6">绩效改进培训计划（选择培训时填写）</td></tr>
<tr><td>培训课题</td><td></td><td>完成
时间</td><td></td><td>培训
实施人</td><td></td></tr>
<tr><td>培训内容
简述</td><td colspan="5"></td></tr>
<tr><td>员工签字</td><td colspan="2"></td><td>权责领导签字</td><td colspan="2"></td></tr>
<tr><td colspan="6">绩效改进结果</td></tr>
<tr><td>改进结果</td><td colspan="3">□改进结果达到预期</td><td colspan="2">□改进结果未达到预期</td></tr>
<tr><td>权责领导
签字</td><td colspan="5"></td></tr>
<tr><td>备注</td><td colspan="5">处理意见中，在岗改进和培训可以同时选择；
绩效关键改进点和培训计划为多条时可以附详表说明，格式需体现如上信息；
绩效改善效果需体现在员工下一绩效考核周期考核表的评语中</td></tr>
</table>

面谈是一种有效的沟通方式，但是沟通技巧攸关面谈的成败，作为管理者应当具备一定的沟通技巧。下面我们简要介绍面谈时的八大沟通技巧。

（1）选择一个安静的环境

环境对面谈有着直接的影响，噪声较大的环境会影响面谈的质量，而安静的环境会让面谈者放松，卸下防备。因此，面谈应选择安静的环境。为了保证谈话质量，双方尽量关闭手机或静音，毕竟突如其来的声音会吸引人的注意力，影响谈话双方的思路。

（2）彼此信任

信任是谈话的基础，绩效面谈是上下级之间就个人阶段性绩效情况的沟通，管理者要让员工感受到企业对他的信任。面谈中，管理者和面谈的员工尽量靠近就座，不要隔着座位沟通，空间距离产生心理上的距离感，管理者也要尊重并主动听取员工的意见。

（3）明确绩效面谈的目的

面谈目的是发起面谈的原因，因此最好直截了当地指出面谈目的。管理者在面谈前明确此次谈话的目的和意义后，要有清晰的逻辑思路，不要被其他话题带偏。此外，管理者在谈话过程中要尽可能使用积极的语言去描述想要表达的内容，避免使用消极词语，以免员工产生不良情绪。

（4）鼓励下属充分参与

谈话沟通是需要双方参与的活动，管理者要让员工积极参与，而不能是管理者一味地讲，员工一味地听，否则效果只能事倍功半。管理者谈话最忌讳的就是填鸭式说教，无视下属的不满情绪，强行灌输企业理念、工作思路等。面对不同的下属，管理者可采取不同的方式，对于善于表达的下属，管理者要注意把控谈话节奏，抓住要点，指出不足；对于腼腆的下属，管理者要鼓励其大胆表达，让员工畅所欲言，以达到沟通的目的。

（5）避免使用极端词语

人的心理都是脆弱的，尤其是业绩欠佳时，员工与管理者面谈时容易出现情绪问题，管理者要洞悉这一点。在员工情绪化严重时，管理者要避免使用“总是、从不、完全、太差、决不”等语气强烈的词语。这类词通常有强烈的否定意味，会令员工丧失信心，以至于怀疑自己的能力，于工作不利，于员工个人成长也无益。

（6）关注绩效和行为

工作上要坚持“对事不对人”的原则。管理者要多关注员工的绩效、行为，而不是过度关注员工个性并过分干预。每个人都有自己的个性，管理者应尊重员工某些个性方面的特点，多关注其在工作中的表现，与工作无关的私人问题尽量不发表意见。

（7）以事实为依据

管理者做事要让下属心服口服，不能只浮于表面。如果下属工作表现失误时，应以事实为依据，指出其不足及如何改正。直属领导平时应多注意观察下属的行为表现，做到心中有数，要做一个关心下属的好领导。

（8）以积极的方式结束面谈

面谈的目的是要引导员工树立信心，在工作上继续努力，以达到双赢的目的。所以，结束面谈时，管理者要用积极的语言和积极的行为结束面谈，让员工对未来充满希望，认为这是一次受益匪浅的沟通。

四、绩效结果应用

在现实中，很多企业的绩效考核流于形式，其中一个重要原因就是不重视绩效结果的应用。事实上，绩效评估乃至绩效管理能否成功实施，与绩效结果的系统应用密切相关。

绩效结果应用是借助奖优罚劣手段来鼓励、矫正员工的行为，激励员工为达到企业战略目标而努力奋斗的过程。如果企业只看中绩效结果，而不重视绩效结果运用，绩效管理将成为形式主义；而如果企业对绩效结果的运用不当，绩效管理的效果也将大打折扣。

关于绩效结果的应用，企业要将绩效结果与考核对象最为关心的事项直接关联，如升职加薪、岗位调整、培训、管理改善等，要建立公平的申诉机制，制订绩效改善和调整计划。以下我们将从薪资调整、奖金分配、培训需求分析、人事调整、员工管理与员工职业发展五个方面进行简要说明。

1. 薪资调整

绩效结果应用于薪资调整的主要作用是奖优罚劣。对于绩效不好的员工，企业要采取降低绩效工资等手段，促使其改善业绩不佳的现状，尽快达到企业设置的工作目标。对于绩效优秀的员工，人力资源部门要根据企业标准对其薪酬进行合理的调整，鼓励其继续努力，为企业创造更多的效益，同时实现其自身价值。

2. 奖金分配

奖金分配是薪酬设计、绩效结果应用中最让企业头疼的环节，尤其是人力资源部门。毕竟奖金分配关系到所有人的权益，是异常敏感的话题，如果分配不公，企业内部矛盾会激增，甚至会导致员工愤愤离职。因此，企业要制定公开透明的奖金分配标准，最好是员工自己也能核算出该拿多少奖金，有理有据。

不同企业设置的奖金分配方式不一样，有的是目标奖金制，即每个岗位按照其固定工资乘以固定比例来计算奖金，比如小李固定工资为年薪 10 万元，该岗位目标奖金为工资的 30%，那么小李的目标奖金便是 3 万元。

以下是H集团的绩效奖金分配制度。该集团对于绩效奖金核算有明确的制度规定，绩效等级为S、A的人员，绩效系数大于1；绩效等级为B的人员，绩效系数等于1；月度考核和季度考核时绩效等级为C的人员，绩效系数为绩效得分除以3；绩效等级为D的人员和年度考核时绩效等级为C的人员，绩效系数为0。

此外，该集团还设置了绩效奖金发放前提，即绩效考核否决项。比如以某款产品销售额的完成率作为绩效考核否决项，如果销售额100%完成，则不影响绩效奖金发放；如果未能100%完成，哪怕是完成了99%，绩效奖金也要按照签订的规则进行扣除。否决项绩效指标通常属于企业战略要求，意在突出某些关键指标的价值和意义，有利于企业战略管理的正常推进。

3. 培训需求分析

绩效考核结果应用之一便是分析员工的绩效短板，找出其不足之处（知识、技能、技巧、心态等），借助有针对性的培训来改善，进而提高员工的绩效，这也是绩效管理的根本出发点。

人力资源部门在绩效评估、绩效应用上要精准分析，找出员工的绩效短板。首先，在寻找过程中，管理者与员工要相互信任、坦诚沟通，实事求是，从历史数据出发，寻找短板，然后分析是哪些方面，如技能、技巧、知识、心态等，进而分类整理，形成报告。其次，培训需求要因人而异。每个员工的绩效短板不一样，如果是知识技能欠缺，那么培训内容便应当以知识、技能为主，如果是其他员工配合不到位以至于该员工绩效不达标，那么培训内容应当以员工间协作为主。最后，制订计划。明确培训需求后，管理者与人力资源部门要做充足的准备，充分考虑员工的实际情况，与企业年度培训计划进展相结合，用较短的时间，用最优质的资源来帮助员工改善。

4. 人事调整

绩效考核是人事调整的主要参考依据，人事调整是绩效结果应用的重要内容之一。对于优秀员工，企业要采取奖励措施，如升职加薪，对于表现平稳的员工，企业要采取鼓励、培训等手段调动其工作积极性，而对于表现较差的员工，企业要对其做降级或调岗处理，严重者甚至要依法解除劳动合同。

在人事调整上，人力资源部门起到极为重要的作用。因为人力资源部门掌握员工的绩效考核结果，并负责绩效考核结果应用，很多时候比部门领导更清楚员工的实际情况。许多部门领导在进行人事调整、团队管理时需要人力资源部门提供相关绩效考核结果。如果部门领导管理能力不足，又对员工的绩效考核结果不清楚，往往会凭主观意见来处理，这样非常容易因处置不当而引起劳动关系事件，给企业带来负面影响。

所以，除了日常加强管理者培训外，人力资源部门还得为各部门领导提供人事调整的相关数据，提供处理方法与技巧，支持其工作。比如，针对绩效考核不合格人员，提出绩效改进计划；对领导干部进行分类时，针对不同类型领导干部提供不同的管理策略。尤其对于绩效改进计划的制订，人力资源部门要帮助相关部门领导和待改进的员工，明确阶段性量化目标和完成目标的时间节点，以及如何实现未达成目标，最后形成书面文件，业务领导与员工协商一致后签字即可。

5. 员工管理与员工职业发展

企业的经营主要是经营产品和人。事实上，产品也离不开人，归根结底，企业经营的本质和核心是人。当代的企业竞争更是如此，一个企业即使有一流的战略，但如果只有二三流的人才，最终也很难实现企业战略目标。

由此可见，员工职业发展与企业发展息息相关。可以说，企业与员工的发展是相辅相成、相得益彰的：企业绩效考核达标，员工绩效考核亦达标；企业实现战略目标，员工也可实现职业目标，企业与员工是互相成就的。

既然员工对企业如此重要，企业必然要高度重视员工的成长，企业应当出台员工职业发展规划，并制定严格的规章制度。比如旷工、受到企业的处分等情形也可能改变绩效考核结果，所以在绩效考核结果运用时要多方位考虑。集团在绩效制度和绩效合同中制定绩效红线机制的相关规则，明确绩效红线行为和发生触碰绩效红线行为的后果。

以 H 集团为例，绩效红线行为包括如下几种。

① 未遵守企业政策、各种规章制度的规定，出现重大责任事故，给企业造成损失的行为。

② 因管理不当或疏忽给企业造成损失的行为。

③ 因未尽到工作职责或工作不作为给企业造成损失的行为。

④ 对下属团队监控不足或失效。

⑤ 对外部安全风险、政策风险后知后觉。

⑥ 面临急难险重任务时，不能从大局出发承担任务。

出现上述情况，经过妥善处理，没有给企业造成实际损失的，考核结果降一等级；造成实际重大损失的直接降为 D 级；评估为不胜任的干部，要进行降级、降薪甚至解除劳动合同的处理。绩效考核过程中，出现把关不严、考核结果与事实不符，绩效数据弄虚作假等问题，经绩效问责流程确认，情况属实的，根据情节严重程度，对相关责任人进行纪律处分。

对员工来说，职业发展规划有利于自己了解自身工作现状，明确未来发展方向；有利于提升自身的能力，升职加薪，获得更好的发展平台等。对管理者来说，员工职业发展规划有利于他们了解员工的优缺点、工作情况；有利于管理者进行人事调整；有利于管理者培养员工，帮助他们成长为企业的骨干。对企业来说，员工职业发展规划有利于企业满足未来企业人才的需要，实现企业战略目标；有利于企业将合适的人才放到最合适的岗位上，发挥其工作才能；有利于提高员工的积极性和主动性；有利于企业吸引优秀人才加盟，留住核心员工，优化人员结构等。

简而言之，员工职业发展规划是三赢之举。企业，尤其是人力资源部门应当高度重视，并出台科学合理的员工职业发展规划，源源不断地为企业提供人才，确保企业战略落地。

第三节　绩效管理方法介绍

企业管理的核心是战略管理，战略管理的核心是人力资源管理，人力资源管理的核心是绩效管理。甚至可以这样说，企业整体的运营都是紧紧围绕绩效进行的，如何管理绩效就极为关键。

不少企业的管理者自身能力非常强，管理上追求完美，想要拥有一种一人管理整个企业员工的管理方法。然而，现实是残酷的，一家企业，员工少则几十人，多则数以万计，每个人都有自己的价值观，不可能与企业的理念完全一致。因此，追求一刀切的管理方法是错误的，对企业也是致命的。

但是，这并不意味着企业绩效管理就没有章法制度可循。事实上，经过无数人的努力，企业绩效管理是有科学方法的，如 BSC（平衡计分卡）、KPI（关键绩效指标）、MBO（目标管理）、360 度评估（多方位考核）、OKR（目标与关键成果法），还有价值观考核等特色绩效管理方法。BSC 和 KPI 我们在上文已经介绍过，这里不多做赘述，下面我们将重点简要介绍其他几种绩效管理的工具。

一、目标管理绩效考核法（MBO）

目标管理绩效考核法是常见的绩效考核方法，最早由世界著名管理学大师彼得·德鲁克开创。该管理绩效考核方法主要针对企业内部有些工作成果与行为难以量化的情况。

其核心要素是实现目标，集团确定在一定时间范围内期望达成某个目标后，将目标分解至各个部门，部门再分解到个人，明确每个部门和员工的权利与责任。其优点主要有三个：

① 直属领导和下属依据掌握的资料和经验，各自设定一个目标，双方沟通协商并找出两者之间的差距以及差距产生的原因，然后重新确定目标，再次进行沟通协商，直至取得一致意见，即形成目标管理的期望值；

② 目标管理考核的公开性比较好，不存在过多的人为主观成分；

③ 由于目标设定与分解都是上下级的共识，能促进上下级良好的沟通。

不过，该管理方法也有缺点：

① 容易只重视结果而不重视过程；

② 目标的设定可能会存在异议，导致不确定性加大；

③ 设定目标往往注重短期，而忽视长期。

二、360 度评估

360 度评估也叫全方位考核法或多方位考核，企业从多角度全方位评估员工，主要从自身、他人、客户等多维度对员工进行测评。此考核法有以下几个优点：由于是多角度考核，考核相对公平，不同的人互相之间影响不大，被考核者也可得到他人对自己的综合评价，结果易于接受，也利于个人的成长。考核实行的是匿名考核，以确保公正。考核是建立在胜任的基础上，企业不可能对员工所有的工作行为都进行量化考核，而是对其主要关键行为进行量化考核。

当然，企业依据被考核者的职能和职级，在评估维度的选择上会有差异，比如，中高层管理者侧重战略性思考、高质量决策、建立成功团队、发挥影响力等维度；基层人员侧重制订可行计划、推动执行、协同增效、敏锐学习等维度。

360度评估是让员工全面或部分参与到企业的管理中，以提高员工对待工作的积极性及其对企业的参与感和忠诚度的评估方法。但不是所有企业都适用该考核方法，也不是所有员工都适用该方法考核，企业要根据实际情况来确定考核人员的资质，以及成本投入等。

三、目标与关键成果法（OKR）

OKR全称是Objects and Key Results，即目标与关键成果法，是一套明确和跟踪目标及完成情况的管理工具和方法。该考核方法首先由英特尔公司创始人葛洛夫创造，后被谷歌引入，最终被广泛运用于各种类型的企业。该管理方法自2014年引入中国后大受欢迎，百度、华为、字节跳动等大企业都在使用，但很多企业不得其法，原因在于其并未掌握OKR管理方法的精髓。

OKR管理方法的首要因素是要设定一个目标，明确企业和团队的目标以及明确每个目标达成的可衡量的关键成果。

OKR中的“Objects”是指目标可以是具体的、可衡量的，也可以是非常规的、有挑战的；“Key Results”是设定若干个可以量化的关键结果，用以保证实现目标。评分标准必须是以产出或者结果为基础的、可衡量的，这样才能激励员工为实现目标而不断奋斗。

一般目标不超过5个，每个目标的关键结果不超过4个，可以从时间、数量、质量等角度设定，制定流程，如图 6–8 所示。当然，目标和关键结果的设定必须是管理者与员工直接、充分沟通后的共识。

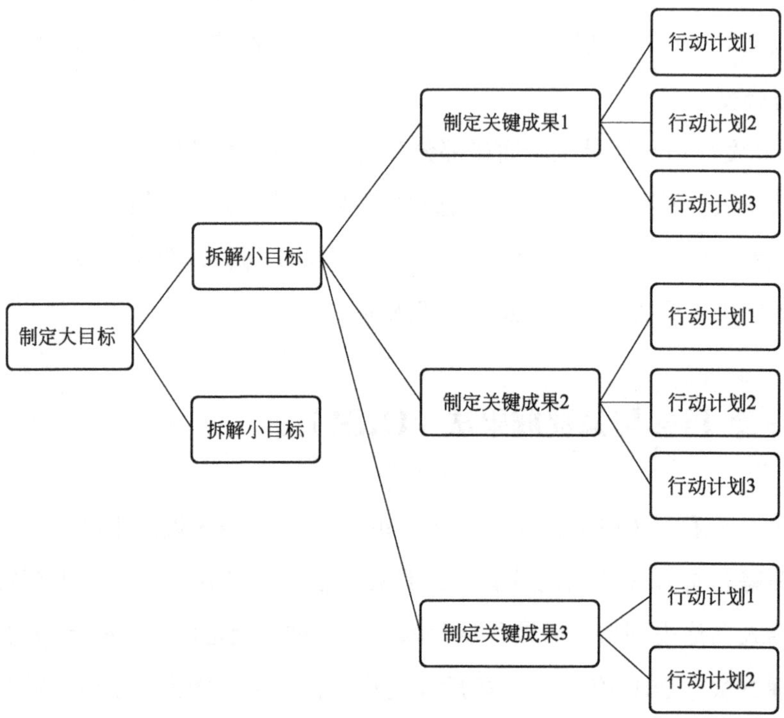

图 6–8 OKR 制定流程

每个季度对关键成果进行复盘，完成 60% ～ 70% 就算好，如果 100% 完成，说明目标设定过于简单。OKR 管理考核法中，目标不能调整，措施和方法可以不断完善。

OKR 管理方法的目的是确保员工团结一致，努力工作，并集中精力精益求精，获得企业设定的可量化的成果。该管理方法适用于很多企业，如果运用得好，是一种很好的动机激励工具，可以在工作实践中权衡风险。

四、组织绩效考核

组织绩效考核的主体是组织而非个人，指在一定时期内整个组织所取得的绩效，包括这个团队任务目标的实现情况，以及为其他团队的服务、支持、协调、配合、沟通等方面的行为表现。所以，组织绩效的评价是对组织整体运营效果做出的概括性评价。组织绩效指标标准的制定，必须体现对组织管理的综合要求。

H 集团在组织绩效考核上还处于初级阶段，以经营计划指标作为一个组织的绩效考核指标，管理者的核心绩效指标与组织绩效指标基本是一致的，这样也很好地解决了组织绩效与个人绩效的割裂。在实际应用中，将组织绩效应用在组织的资源赋值上会更为有效，比如，H 集团给组织绩效为优秀的组织，赋予更多的编制、预算、激励政策等。

五、价值观考核

一流企业看文化，已经成为共识。一个企业能否拥有高效率的组织体系，能否在残酷的市场竞争中胜出，文化管理极为重要。

为什么价值观考核很重要？因为在信息爆炸时代，人心浮躁，各种诱惑随之而来，企业如果仅依靠没有文化根基的制度去约束员工，往往很难取得良好的效果，比如员工因个人问题而拉帮结派，进而影响团队的氛围，员工无视企业制度约束拿回扣，用企业的资源来接私活等。

而如果采用价值观考核，那么将带来诸多好处，比如文化管理能让企业灵活应对环境变化，价值观考核能促使人力资源管理升级，价值观考核有助于文化落地等。

H 集团的试用期管理岗位能力考察类似于价值观考察，并且在制定年度绩效指标时，将价值观的概念融入平衡记分卡中的客户、运营、学习和成长指标里。

当然，价值观考核基于企业规模、管理者特征、管理要求、业务导向上的驱动，注重对人的培养和考核。价值观考核的目的不是惩罚员工，而是激励员工，引导员工正确的行为，对于价值观考核不合格的员工，上级需要指出其价值观改进方向。

第七章　员工关系管理体系

员工是所有企业的核心资源，是企业价值的主要创造者，员工的素质和执行力事关企业的兴衰成败。所谓的企业管理，其核心就是对人的管理，而对人管理的一个重要方面就是员工关系管理。

员工关系在企业中是基础且重要的人事关系，员工关系管理得好坏与整个企业的氛围休戚相关。企业应当高度重视员工管理，建立科学、合理、高效的员工管理体系，营造适合员工成长的环境，将企业对员工关系的管理从“以提升员工敬业效能为引领、以防范人力资源风险为基础、以建设和谐劳动关系为目标”转变为“乐于在企业留任、乐于努力工作、乐于宣传企业”。

员工关系管理与整个企业文化建设有关，更与人力资源管理体系的构建紧密相连。可以说，但凡涉及企业与员工、员工与员工之间关系的，都是员工关系管理体系的内容。从企业管理上看，员工关系管理至少有九大方面的内容，分别是：劳动关系管理、员工纪律管理、员工人际关系管理、沟通管理、员工绩效管理、员工工作情况管理、企业文化建设、服务与支持、员工关系管理培训。

① 劳动关系管理：主要指的是员工上岗、离职面谈及手续办理，劳动争议处理，员工申诉、纠纷等事件。

② 员工纪律处理：主要指的是引导员工遵守企业的规章制度、劳动纪律等，提高员工的工作积极性和工作效率等。

③ 员工人际关系管理：主要指企业管理者要营造良好的人际关系环境，

引导员工在企业建立良好的工作关系。

④ 沟通管理：主要指管理者要构建良好的沟通体系，确保企业上下能有良好的双向沟通，确保信息同步，及时处理好矛盾等。

⑤ 员工绩效管理：主要是企业管理者要围绕提高员工积极性、完成绩效考核，助力企业完成战略目标这个核心，制定科学的考核标准，确保企业和员工双赢。

⑥ 员工工作情况管理：主要指管理者要制定考评体系，关注员工心态、满意度、怠工等情况，并解决员工所关心的问题。

⑦ 企业文化建设：企业文化建设是企业的制胜法宝之一，企业要真正重视并构建积极向上的企业文化，让员工树立与企业同频共振的价值观。

⑧ 服务与支持：主要指管理者要给员工提供相关的法律、政策等方面的咨询，解决员工在工作生活中碰到的困难等。

⑨ 员工关系管理培训：主要指管理者要对员工进行定期的职业技能、心理健康等方面的培训等。

上述九大方面内容，是常见的员工关系管理的内容，我们在前文多多少少都有介绍过，本章不再一一展开，而是重点介绍影响员工管理体系的几个方面。

第一节　员工敬业效能研究

一、员工敬业效能

员工敬业效能是指员工的工作热情和企业战略目标的契合，如果两者完全匹配，则员工敬业效能比较高。员工敬业效能的高低由员工敬业度和组织支持度共同决定。影响员工敬业度的因素有七个：认可、令人兴奋的工作、薪酬、工作保障、教育和职业发展规划、工作环境以及尊重。

如矩阵所示（图 7–1），以员工敬业度为横轴，从左向右员工敬业度由低到高，以组织支持度为纵轴，从下向上支持度由低到高，可以得出员工效能的四种状态。

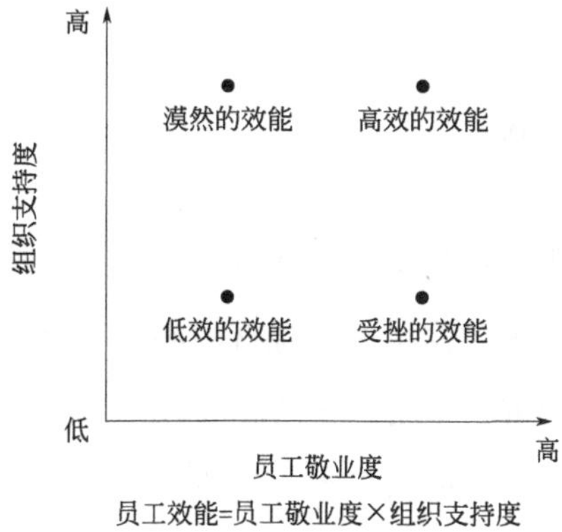

图 7–1　员工效能

（1）高效的效能

员工敬业度高，组织支持度高，员工的工作状态是乐于留任、乐于奉献的，也是最高效的。管理者能够进行及时的响应，对员工及时进行鼓励和支持。在员工和组织管理者的共同努力和促进下，利于形成良好的工作氛围。

（2）低效的效能

员工敬业度低，组织支持度低，员工的工作状态是不愿意留任、不愿意奉献，效能是最低效的。此时管理者对员工无法有效提供支持。该状态下的工作往往是失效的。

（3）受挫的效能

员工敬业度高，组织支持度低，管理者的领导力存在盲区，对敬业度高的员工反应较慢，或无反应，则员工倍感受挫。

（4）漠然的效能

组织支持度高，员工敬业度低，管理者虽然能够及时关注员工的需求，但员工乐于留任、乐于奉献的程度较低，在该状态下员工往往表现为对工作漠不关心。

通过这个矩阵不难发现员工敬业度和组织支持度对员工有效劳动状态的影响，那么什么是员工敬业度和组织支持度呢，下面我们来具体说一下。

二、员工敬业度

员工敬业度是企业考量员工对企业投入的智慧、情感、承诺的程度，有三种表现，如图 7–2 所示。这是员工源自内心、积极主动工作的表现。在实践中，企业员工敬业度越高，企业价值、企业利益将越能得到更好的维护，企业与客户之间的关系将越能得到更好的维系。因此，企业应当建立员工敬业度研究制度，对企业文化、管理等进行评价。

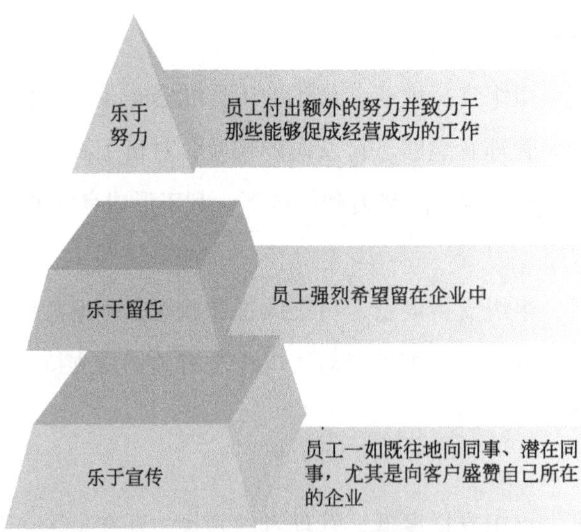

图 7–2　员工敬业度金字塔

三、敬业度和满意度的区别

员工敬业度和员工满意度重视的都是企业中的人，即重视员工、满足员工的需求，不过两者还是有区别的，不能一概而论。员工满意度反映的是员工对企业各方面的感知，是事务型的。而敬业度反映的是一种可持续的行为方式，并且这些行为方式将显著影响企业的成绩，是变革型的，具体区别，如图 7–3 所示。

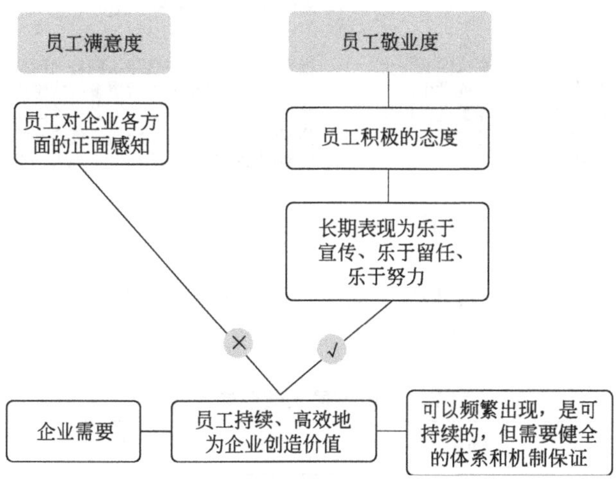

图 7–3　敬业度与满意度区别

四、员工敬业度的驱动因素

业务不会创造价值，而人才可以创造价值。这是人力资源行业的共识。员工敬业度的高低直接影响企业的成败，对人力资源工作者来说，要提高员工敬业度。然而，要提高员工的敬业度首先要了解员工敬业度的驱动因素有哪些。

对于驱动因素，业界众说纷纭，我们认为：理性敬业和感性敬业是员工敬业度的两大驱动因素，详见图 7–4。

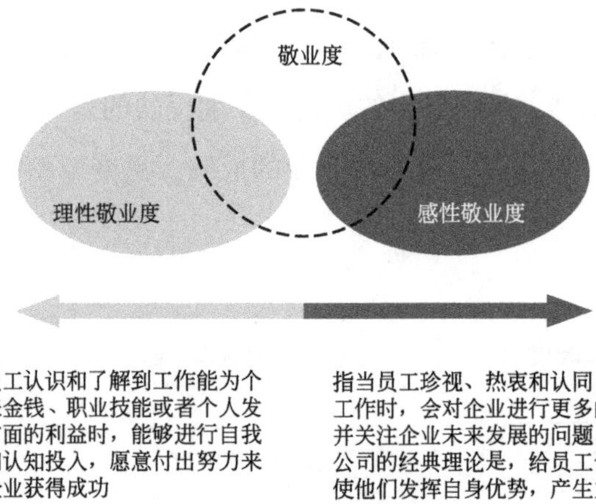

图 7–4　敬业度驱动因素

具体而言，影响员工敬业程度的因素可以归纳为 14 项，具体如表 7–1 所示。

表 7–1　影响员工敬业度的因素

敬业度的维度划分	驱动因素	定义
理性敬业度	企业前景	员工对企业未来发展的信心
	人岗匹配	企业根据员工素质的不同给员工安排最合适的工作岗位
	职业发展	国内企业为员工提供职业技能提升渠道和职业发展空间
	晋升机会	企业有良好的晋升制度
	薪酬与福利	企业提供公平合理的工作报酬和福利
	工作生活平衡	员工的工作和生活保持平衡
	工作的挑战性	企业能够给员工提供新的工作机会和任务，让员工在工作中不断成长

续表

敬业度的维度划分	驱动因素	定义
感性敬业度	高层领导	企业内的高层领导表现出良好的领导力
	直接上级	员工的直接上级表现出良好的领导力
	同事关系	同事之间有良好的支持氛围
	价值关联	企业向员工描述清晰的企业愿景，企业的未来发展能够实现员工的职业理想
	关注客户	企业倡导所有的员工都要以客户（包含外部及内部客户）为中心
	赞扬与认可	企业对员工表现出来的能力及时给予赞扬与认可
	重视员工	企业通过行动、政策和沟通表达出员工是组织成功最重要的资产和关键原因

五、员工敬业度调研目的

通过了解员工是否乐于宣传、乐于留任、乐于努力工作，从而了解员工的敬业度情况，进行相应的引导和控制，最终达到提高企业绩效的目的。敬业度的调研目的如图 7–5 所示。

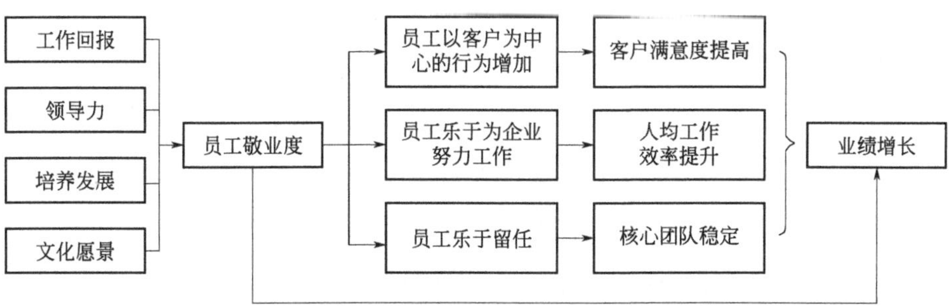

图 7–5　敬业度调研目的

六、敬业度调研的参与人员

敬业度调研是目前最流行、最实用，被国际和国内先进企业所认可的调研方式。然而，敬业度调研并非是万能的，不能不看具体情况而随便运用。事实上，凡事都要实事求是，敬业度调研也是如此，它要依据员工的岗位、所处的企业系统进行分类，不同岗位的员工匹配不同的调研信息和调研维度，内容包括：乐于留任、乐于努力、乐于宣传、绩效管理、资源、培训、职权与授权、协作、工作架构和流程、部门氛围、企业氛围等。敬业度调查结构，如图 7–6 所示。

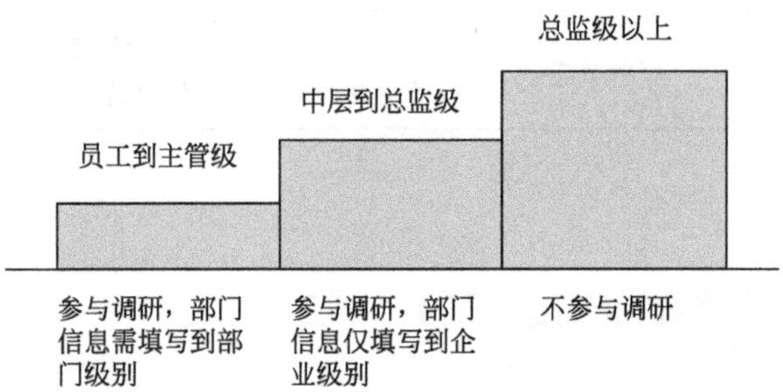

图 7–6　敬业度调查结构

七、操作流程

既可以是线下调研，也可以是线上操作，建议企业使用线上匿名方式进行敬业度调研，员工通过外网登录账号后进入问卷调研平台进行作答，管理员通过系统后台进行数据统计。这样既能提高调研效率和数据统计的准确性，也便于驻外员工参与。具体操作方式可以参考下面几个方面的内容。

① 召开敬业度调研启动会：由人力资源部门组织并邀请各部门管理层参加，明确敬业度调研目的，确定会议议程内容等，具体内容如表 7–2 所示。

表 7–2 会议议程表

序号	内容
1	会议目的介绍说明
2	敬业度调研具体实施时间及方式
3	总结企业各部门管理人员在员工关系管理方面出现的问题
4	意见、建议交流

② 按系统进行问卷调研：调研方式依据系统，分为纸质答题卡和电子答题表两种。

③ 调研结果统计：将作答后的答题纸与电子答题表回收，进行整合统计。

④ 分析调研结果，形成调研报告：根据调研维度，将答题结果按照不同维度进行分析。

⑤ 调研报告分享。

八、组织支持度

组织支持度是指员工对组织重视他们的贡献和关心他们的幸福感的信仰程度。组织支持度提供了一个看待员工绩效的新视角。通常认为，员工的绩效主要由其敬业度决定，但大量的实践证明，员工的敬业度固然重要，却不足以用来长时间维持最高水平的绩效表现。集团不仅需要激励员工，更要为员工创造条件，使他们的技能得到有效发挥。

九、组织支持度的驱动因素

从员工敬业效能和组织支持度来看，员工敬业度的高低与企业组织支持度息息相关，如何提高组织支持度进而提高员工敬业度显得尤为重要。

有六项驱动因素影响组织支持度：授权、绩效管理、工作资源、培训与学习、沟通与协作、工作架构和流程，详见表 7–3。

表 7–3 组织支持度驱动因素

驱动因素	定义
授权	企业给员工相应的权利，来激励员工
绩效管理	企业的绩效评估流程合理公平，绩效反馈及时有效
工作资源	企业提供了顺利完成工作所必备的设施及环境
培训与学习	企业有科学的员工培训和学习体系，保证员工的学习成长
沟通与协作	企业内部的信息流通通畅，同事间相互支持协作
工作架构和流程	企业组织结构和流程能支持员工顺畅工作

第二节 团队建设能力

团队建设对企业而言非常重要。因为成功的企业千差万别，但是都有一个明显的共同之处，就是非常重视团队建设，拥有一个能征善战的团队。那么，什么是团队建设呢？

团队建设指的是，企业中为了某个战略目标而相互协作的个体所组成的一个群体。一个企业团队建设能力的高低，往往决定了该企业在激烈竞争中所处位置的高低。

一、团队建设能力评估

团队建设能力涉及诸多方面，如何评估是个棘手的问题，经过大量的实践与科学证明，可以从三个维度六个方面来评估一个企业的团队建设能力。

三个维度分别是员工关系管理、部门管理和绩效管理、招聘管理；六个方面指的是员工关系管理两大指标、部门管理和绩效管理两大指标，以及招聘管理两大指标。详见表 7–4。

表 7–4　团队建设三个维度具体内容

三个维度	指标	指标具体内容
员工关系管理	指标 1	是否能够淘汰不合格人员并进行有效面谈
	指标 2	是否能够严格管控员工关系事件的发生并进行有效处理
部门管理和绩效管理	指标 3	团队是否按时召开会议，及时传递上级的信息，按照行为管理和周报管理对团队进行要求和提升
	指标 4	是否能够严格进行绩效评价，对不合格人员给予有效反馈
招聘管理	指标 5	是否能够按时面试，积极寻找人才
	指标 6	是否可以推荐优秀人才（加分项）

二、评估结果的应用

团队建设能力评估结束后，企业应当依据评估结果采取措施来提升团队建设能力，确保评估结果的应用落到实处。具体可以参照以下方式来操作。

① 有一项不合格者：企业要组织该团队学习相关课程，参加培训且通过考试后重新上岗。课程要包括非人力资源管理者的人力资源管理课程、淘汰不合格人员有效面谈课程、有效处理员工关系事件课程等。

② 两项及以上不合格者：企业要高度重视，指派政委进行辅导，高管要由 HRBP（人力资源业务合作伙伴）或班子建设中选聘出来的人来担任。

③ 三项及以上不合格者：企业应当采取措施，该对部门领导进行免职处理的要进行免职处理，该淘汰的要淘汰，然后重新整顿团队，提升团队的战斗力。

第三节　沟通体系建设

在竞争激烈的现代社会中，企业的运营核心是人的运营。而人的运营离不开沟通，如员工与员工、员工与上司、领导与领导、企业与客户等，都需要通过沟通来实现业务交流等事项。可以说，沟通体系建设的好坏直接关乎企业的兴衰。

建立完善的沟通体系有利于提高企业决策的准确性，有利于提高员工的归属感，有利于及时化解组织面临的危机，有利于营造良好的内部工作环境，有利于实现组织的目标，进而实现企业战略目标。

企业内部体系建设要与企业组织结构和企业文化相契合，要从企业管理的广度和深度出发，设计出全方位、全过程、科学、高效、合理的沟通体系。每个企业的情况不同，沟通体系也应当有所不同，适合企业自身的就是最好的，以下将介绍一种由企业联合行政部门、工会组织共同创建的兼职行政专员沟通机制。

兼职行政专员沟通机制是企业的创新性沟通方式，是企业内沟通体系的组成部分，这一部分人员可以将民声反映给企业的高层管理者，也可以给基层员工诠释讲解企业新政，此机制也是职工代表大会的有效补充形式，如图 7-7 所示。企业每年会召开兼职行政专员总结会，每个月召开沟通例会，传递沟通简报。

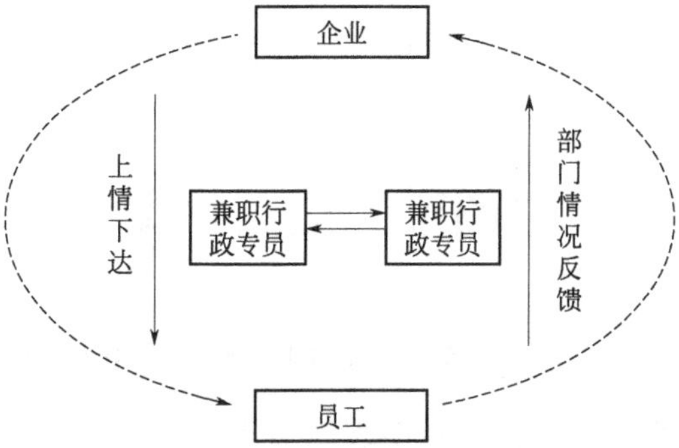

图 7–7　沟通体系

毫无疑问，兼职行政专员是企业与员工之间沟通的桥梁，主要有四大主要职能。

① 信息传递：向全体员工及时普及和传达企业的各项信息；新制度的意见征询和公示等。

② 部门内部服务：协助并指导部门员工完成各项申请流程；了解部门内需要重点关注或关怀的员工。

③ 跨部门间合作：协助人力资源部门完成绩效提报及日常入离调转手续；协助财务部门完成日常报销和月度对账工作；协助工会组织开展各项员工活动；与其他部门间的日常配合。

④ 员工情况上传：担任员工代表，实时反馈员工提出的意见与建议，并督促改进；在规章制度的建立和实施过程中，根据部门情况提出合理化建议。

沟通体系的建设方法多种多样，企业应当不拘一格，多方采纳，博采众长，建立符合企业实际的沟通体系。除了建立兼职行政专员沟通体系以外，企业也可建设多种形式的沟通体系，可充分利用总经办、部门负责人、人力资源部门等渠道，保持子信息交流，及时传递有效信息。

每一次沟通例会、每一份沟通简报都包含员工的诉求，集团重视每一位员工的心声，也要定期做好新政策的普及宣传工作，并指派专人一丝不苟地完成上传下达的沟通工作，力求做到有诉求必反馈。

第四节　员工活动

丰富员工业余生活是企业文化的体现，既能使组织的活跃度提高，又能体现企业对员工的人文关怀；既能缓解员工的工作压力，又能增强员工之间，尤其是跨部门的员工之间的了解；利于企业团队精神、合作精神的创建，能将企业的战略目标与企业员工的发展结合起来，实现企业和员工的双赢。21 世纪是物质丰富、精神活动丰富的时代，企业可以根据实际情况组织员工活动。以下主要介绍几种常见的员工活动类型。

1. 员工运动会

体育竞技比赛是企业文化建设很好的选择，不定期开展羽毛球、乒乓球、部门趣味运动会等，对企业文化建设有促进作用，毕竟体育竞技赛事需要参赛人员齐心协力去赢得比赛。比赛过程中，沟通也容易，再加上恰当的鼓舞，可以激发员工的团队协作精神，使其成为员工记忆中难以忘记的趣事。

2. 演讲比赛

演讲比赛是企业为员工提供的另一个展示平台，多主题演讲赛能鼓励员工积极参与分享，加深员工之间的交流，增进感情，提高员工的表达能力，增强企业的凝聚力。简单地说，演讲比赛既能为广大员工提供展示自我的舞台，创造更多的学习、锻炼的机会，又能凝心聚力，为企业挖掘、培养人才做出贡献。

3. 家庭日活动

设置家庭日，让员工对企业有归属感，邀请企业全体员工携家属参与，使员工及其家属感受企业文化。同时在活动中增进了员工家属对企业的了解和认可，将企业文化与家庭文化融合，巩固家庭基础，达到良好的激励作用，由此激发员工及其家属的自豪感，更会赢得家属对亲人的理解与支持，为员工安心工作扫除后顾之忧。

4. 年终总结表彰会

年终总结表彰会是集团一年一度的盛会，既是对过去一年的总结，又能展望未来。通过庆祝晚会与优秀表彰相结合的方式，嘉奖在这一年中为企业做出突出贡献的新老员工。

5. 团建活动

团建的目的是增强员工与企业的联系，增进员工之间的感情。团建形式可以根据企业自身优势举办多样化活动，不必拘泥于聚餐、拓展活动，也可以组织小型旅游团，或安全性可控的探险活动等。不过，要牢牢记住，团建的形式不重要，达成团建目的才是最重要的。团建活动中，人力资源部门是主力，需在活动中发挥应尽的责任和义务。

第五节　竞业限制

竞业限制是企业为了保护自己的合法权益，尤其是保护核心秘密和商业秘密的重要手段，是劳动法所允许的，是合法地限制劳动者就业选择权的一种方式。

依据《中华人民共和国劳动合同法》第二十三条、第二十四条规定，用人单位与劳动者可以在劳动合同中约定保守用人单位的商业秘密和与知识产权相关的保密事项。竞业限制的人员限于用人单位的高级管理人员、高级技术人员和其他负有保密义务的人员。如有违反法律，则依法追究相关责任。

企业招聘时，人力资源部门要跟聘用者签订劳动合同，涉及保密部分，也应当告知。人力资源部门应当梳理集团竞业限制体系覆盖范围，采取相关措施来保障企业核心技术安全。下面我们以 H 集团为例进行简要说明。

1. 明确签订协议人员的范围，确保范围内人员 100% 签署

集团及其子企业关键核心的涉密岗位和人员：如集团研究院涉及前沿性药物、一类新药或即将获得批件的重要项目，或掌握核心工艺的相关人员；销售部门掌握核心客户资源及产品资源的岗位人员；生产部门掌握企业核心工艺技术的岗位等。

协议签署后，由各板块负责人对所盘点的关键涉密岗位及相关人员进行确认并签字，人力资源部门要备案。各板块负责人根据集团战略及经营状况可以不定期增加关键涉密岗位及人员，并以书面形式提报给人力资源部门。

2. 相关操作流程

凡涉及各板块、各企业通过盘点后确定的关键涉密岗位，新员工在入职时应签署修订版《竞业限制协议》。企业定期盘点核心岗位人员，如发现未签署《竞业限制协议》的，要立即补签修订版协议。

已签订《竞业限制协议》的员工解除或终止劳动合同时，各部门负责人要在第一时间通知人力资源部门，若部门提出要执行《竞业限制协议》，需要在员工离职前 10 日以书面形式将经各板块负责人签批的执行《竞业限制协议》的相关批件提供给人力资源部门，逾期未提供，视为部门不执行《竞业限制协议》。批件中要注明：启动竞业限制的原因、明确限制入职竞争行业或企业名称、竞业限制补偿金金额及期限等。对于执行《竞业限制协议》的相关批件需经各板块负责人、人力资源中心总经理、财务中心总经理会签。

人力资源部门接收到经批准的部门要执行《竞业限制协议》的相关批件，按协议内容与员工签订竞业限制开始通知书，保证员工离职前3个工作日内完成签订，并保证每月按协议的相关内容执行。

对于不需要执行《竞业限制协议》的员工，企业会告知员工不用执行《竞业限制协议》，避免员工自行履行了协议中的相关义务，反诉企业支付竞业限制补偿金的法律风险。

第六节 员工事件的处理方法与技巧

在工作中，员工与员工，员工与管理者常常会因为各种问题而引发矛盾与冲突。这些矛盾与冲突对组织的效率有巨大的损害，如何处理好员工事件是人力资源部门务必高度重视的事项。

员工事件涉及诸多方面，总结起来，主要有以下几类。

① 岗位职责带来的冲突：每个企业都应当是定岗定责，职责清晰，但是很多企业并未做到，而且有些岗位的工作内容与其他岗位是有交叉的，交叉部分职责权限不清晰，往往会引发员工之间的冲突。

② 压力带来的冲突：每个项目都有一定的进度把控，但是如果是配合度高的项目，员工之间往往会因为协作配合问题而出现冲突。

③ 素质背景差异而导致的冲突：企业由形形色色的员工组成，每个员工都有自己的价值观，同时每个员工的背景与企业背景都有差异，这种差异的存在自然会导致员工与员工、员工与企业之间的冲突。

那么，如何来处理员工事件呢？

建议以制度为准绳，以事实为依据，规章制度是企业裁判事件的依据，是内部管理有序化的根本，治人者自治，管理者要公平地处理好员工关系，首先要在自己平日的工作中尽职尽责，且在处理员工问题时有理有据，让人无法反驳。再结合“情理法”，将企业中的员工关系处理顺当。

情：“人性化”是情理法管理的前提。企业尊重每一名员工，与员工建立情感交流，这样才有助于达到合理的结果。

理：“合理化”是情理法管理的行动指南。员工关系管理工作应“入情入理”和“合理合法”。

法：“制度化和规范化”是情理法管理的基础。将法律法规和企业规章制度作为标准，才能检视管理行为是否合理。

除此之外，不同类型的员工事件处理方式也各有差异，下面我们来具体说一下。

一、员工间冲突事件处理

员工冲突的种类包含员工间冲突、跨部门员工冲突、员工与管理者冲突等类型。

员工间冲突事件发生时，由级别较高员工的权责领导作为第一级处理人；跨部门员工冲突事件由两个部门共同的权责领导为第一级处理人；所属同一集团内跨企业事件由人力资源部门负责人为第一级处理人。

处理冲突事件时，应当先使冲突双方冷静，而后进行调查、取证、核实相关情况和进行员工沟通等工作，最终妥善处理事件。要注意没有明确的证据时不能随意发表意见，处理过程中要讲究工作方法和心理引导。

如员工冲突事件升级为肢体冲突时，应先遵循一般冲突事件处理原则进行妥善处理，待处理结束后，依据企业纪律处分相关制度条款对参与肢体冲突的相关人员给予相应处分。

二、员工辞退事件处理

员工辞退的种类分为劳动合同到期终止、员工违纪解除和不胜任工作解除三种类型。

当业务部门领导希望辞退员工时，需与人力资源部门就辞退员工的合理性进行交流，不得直接宣布辞退决定。员工辞退的实施由业务部门权责领导作为第一级处理人。

三、劳动争议事件处理

员工与企业因履行劳动合同发生争议时，双方首先应本着“协商一致”的原则，并通过平等协商解决争议。如果发生劳动争议，由企业住所地劳动争议仲裁委员会或企业住所地人民法院诉讼解决。

当发生员工仲裁时，由企业法务部门负责应诉。仲裁当事人的权责领导和人力资源部门相关人员作为共同处理人辅助处理相应事件，包括提供证据、说明、参与调解、仲裁等。

四、工伤事件

为能使人力资源部门人员顺利进行工伤手续的办理，发生医疗事故以上级别的工伤时，应在事发后 0.5 小时内通知人力资源部门和安全相关部门。

当发生医疗事故时（员工需到医院救治的事故），需让业务部门负责人下属的分管领导知悉情况。

当发生损工事故时（员工就医后需要休息的），需要业务部门负责人知悉情况。

当发生重伤事故（伤势严重致残疾）、死亡事故时，需要企业总裁知悉情况。

发生工伤的部门应确保企业领导在2小时内知悉情况；情况复杂的，应由知悉情况的领导成立事故处理小组，并委任事故处理小组组长。

五、员工群体事件

当发生群体事件时，事发部门的权责领导应立即到场，妥善处理，并于1小时内向上一级领导和人力资源部门报告。

当发生3人以下群体事件时，需在1小时内让业务部门负责人下属的分管领导和人力资源负责人知悉情况。部门权责领导作为第一级处理人，如4小时内问题仍未解决，则应由第二级处理人接手处理。

当发生3人以上（含3人）群体事件时，事发部门需在1小时内让业务最高负责人和人力资源负责人知悉情况。人力资源负责人应在3小时内会同行政、安全、审计、法务等相关部门并同事发部门一起成立事故处理小组，并任事故处理小组组长，协调企业相关部门做好善后工作。

当发生5人以上（含5人）群体事件或可能会产生内外部恶劣影响的事件时，事发部门应立即向企业总裁汇报，由总裁委任企业高层管理者成立事故处理小组并任事故处理小组组长，以协调企业内外部资源，妥善处理相关事件。

员工关系事件处理完毕后，要形成书面报告交人力资源中心/人力资源部门备案。

案例分享

林某是一线生产员工，由于工作时间久且业绩突出，被部门经理委任为巡查员，负责检查员工是否按照生产规则工作。后来集团进行组织结构调整后，撤销巡查员岗位，林某只能回到生产一线。

然而，林某返岗后觉得自己大材小用，便不愿意配合工作，不但拒绝接受领导布置的工作，还在工作时串岗、嬉笑打闹。

对于林某的行为，集团的初步处理结果为：领导多次与林某面谈，希望林某可以恢复到以前的工作状态，但效果不佳。第一次班长面谈，对林某的工作、生活表示关心，并表示如果林某继续消极工作会失去领导的信任；第二次主管面谈，分析其当下工作和未来成长点，给出改正建议；第三次经理面谈，表示关心的同时给予轻微警告。集团在进行了三轮规劝无果的情况下，对林某进行绩效扣分的惩罚。

我们可以设想，如果林某认为绩效扣分是领导故意针对他的话，他势必更加消极地工作。消极工作引发的后果是，人力资源部门就会介入，林某将会因为串岗、早退等违反《纪律处分管理办法》中的条款被警告处分，并被要求写书面检查，签署员工违纪处分单。

如果林某恼羞成怒，拒不签字也不写书面检查，集团可能会对林某进行处罚并将违纪处罚单以挂号信的形式寄到林某家中。这个时候，部门经理依然应找林某谈话，对其进行鼓励，希望他能够好好工作。如若再犯，可依据《纪律处分管理办法》中的处分环节进行处分升级，直至辞退。

如果确需考虑其他风险因素，则应积极地与员工达成共识。如果没有其他风险因素需要考虑，则坚持处理原则。

第七节　人力资源制度体系建设

人力资源制度体系是支撑企业业务发展的框架，是企业赖以维系的制度。人力资源制度体系在中国的发展，起源于20世纪80～90年代，经过几十年的发展，我国整体的人力资源制度体系与人力资源管理水平有了大幅度的提升。不过，市场千变万化，企业要应对挑战，人力资源制度体系建设就必须紧跟市场潮流而变。

人力资源制度的建立是企业的一种内部“立法”行为，这是法律赋予企业的一项重大权利，用以体现和贯彻管理意识。企业要以相关法律规定为依据，根据企业战略和文化要求，结合企业所在行业及特点，制定人力资源制度，并每年对其内容进行更新。

人力资源制度的内容不仅必须符合法律规定，其制定、修改也必须遵循民主程序。制定完成之后，不能立即发布，而是要就涉及员工切身利益的规章制度，如劳动报酬、工作时间、员工休假、保险福利、员工培训、纪律处分管理等内容，征询全体员工的意见，员工民主参与的方式具体如下。

① 召开职工大会或者职工代表大会并通过。

② 由企业工会参与制定。

③ 如果既未召开职工大会或者职工代表大会，也未设立工会，则应通过适当方式，在制定规章制度的过程中赋予员工提出意见、建议的权利，并且员工的建议和意见应充分反映在规章制度的制定过程中。

注意在上述过程中需要留存职工代表大会或者全体职工讨论、协商规章制度的书面证据。

通过收集汇总员工的反馈意见并进行修改后，进入法定公示程序。由于企业内部规章制度的适用对象是本企业的全体职工和本企业行政的各个组成部分，所以它必须为企业的所有成员所知悉。《中华人民共和国劳动合同法》对此已有明确规定；《最高人民法院关于审理劳动争议案件适用法律若干问题的解释》第十九条也规定：“用人单位根据《劳动法》第四条之规定，通过民主程序制定的规章制度，不违反国家法律、行政法规及政策规定，并已向劳动者公示的，可以作为人民法院审理劳动争议案件的依据。”

制度的公示可以通过多种方式进行，包括通过办公系统进行公示、在办公区域内对制度文本进行张贴、开会进行公示、对企业全员进行培训等。公示的过程要注意留存证据，员工手册的签收记录、规章制度培训签到记录（注意培训签到表中要写明是对哪些制度进行的培训）、规章制度考试试卷、制度培训满意度调查等都是证明企业公示规章制度的良好证据。如此，人力资源制度体系才能发挥出最大的效力。

劳动合同管理制度作为人力资源管理的基础制度，是通过平等自愿、协商一致的原则，确立劳动者与用人单位之间稳定和谐的劳动关系的制度；是通过劳动合同明确双方权利和义务，保护双方合法权益的制度。企业务必树立先订合同后用工的观念，最迟必须在用工之日起 1 个月内订立劳动合同；劳动合同终止后劳动者仍在用人单位继续工作的，也应当在 1 个月内订立合同。劳动者拒不签订劳动合同的，请保留向劳动者送达的要求签订合同的通知书等相关证据。对于劳动合同的续签，企业要建立健全的劳动合同续签预警机制，中层及以上人员至少提前 3 个月进行劳动合同续签预警，员工至主管级人员至少提前 2 个月进行劳动合同续签预警。合同的首次续签应高度重视，过滤不合适人员。由于员工不胜任工作导致劳动合同不续签的，员工绩效考核结果必须能够支撑不胜任情形。关于劳动合同中的主要条款，具体说明如下。

1. 试用期

企业在试用期内对劳动者有单方解除权，为确保企业正确行使权利，要把好招聘关，明确界定录用条件并通过发送聘用函、在劳动合同中约定、在规章制度中规定等方式向劳动者公示录用条件。在试用期内做好考核工作，对不符合录用条件的劳动者及时解除合同。

2. 无固定劳动期限的合同

劳动者符合订立无固定期限劳动合同情形的，需要尊重劳动者选择，按其意愿订立无固定期限劳动合同。在订立合同时可书面征询劳动者意见，若其要求订立固定期限劳动合同的，用人单位应保留劳动者同意的书面证据，避免事后劳动者反悔，以应订而未订无固定期限劳动合同为由，要求用人单位支付两倍工资。

3. 专项服务期

企业对劳动者进行专业技术培训，特别是出国研修，应当签订专项培训合同，明确双方的权利和义务，减少人才流失对企业的影响；同时，企业注意保留培训费用方面的相关证据，以避免发生争议时的举证困难。

除了人力资源基础制度，审批权限也是人力资源制度体系建设的重要组成部分。审批权限的制定要依据以下原则。

① 战略与组织需要原则：审批权限依据战略与组织体系制定，实现板块人力资源经营，向授权化方向发展，根据不同的管控模式实施不同的审批安排。

② 效率与管控兼顾原则：确保部门负责人及其直属领导两级审核的同时，保证效率与管控的平衡；各审批事项的审批节点原则上设置在 3 ～ 5 个之间，特别重要事项不超过 7 个。

③ 责权相统一原则：审批人为审批事项的第一责任人，各级审核人根据审批权限赋予的权利做出决策，承担相应责任。

④ 快速高效原则：各级审核 / 审批人应在审核 / 审批时限内完成本环节；不能按时完成者，应主动进行权限转移。

业务事项的审批则要遵循逐级审核、隔级审批的原则来进行。企业级组织结构、新设立组织或新增加管理者由总裁审批。各业务部门（独立核算事业部除外）编制内日常招聘需求由分管高管审核，集团职能中心编制内日常招聘需求由总裁审批。高管的聘用、人员任免、薪酬调整及董事长直接管理人员的绩效考核由董事长审批；总裁直接管理的干部绩效考核由总裁审批。独立核算事业部负责人的聘用、人员任免、绩效考核及薪酬调整由权责领导审批；独立核算事业部除负责人以外人员的聘用、人员任免、绩效考核及薪酬调整，根据有关制度及独立核算方案执行。凡集团下属企业内独立核算部门且承担相应利润指标的，经批准后按独立核算事业部的审批权限管理方式执行。

第八节　人力资源体系内部审计

内部审计是一种独立、客观的活动，它借助系统、规范的方法，对企业各个部门的业务活动、风险管理等进行审查和评价，进而促进企业合规、合法，并完善治理、增加价值，实现企业战略目标。

需要特别注意的是，内部审计不单是企业自己的行为，它还是国家审计的基础，被纳入审计监督体系。因此，企业应当遵照国家和当地的法律法规、企业规章制度及通用人力资源评价标准进行内部审查。人力资源系统作为企业组织的一部分，自然不能例外，它也应当对自己内部的运作情况进行内部审查，确保人力资源系统内部的专业性和外部的合规性。以下笔者就内部审计的几个要点进行简单介绍。

1. 内审小组设置

为确保审计的客观性和规范性，企业应当设置专门的内部审查小组（内审小组），其职责自然是促进企业的有效经营管理。至于内审小组人员配置，应当视企业规模而定，但一般而言，每个内审小组应设置组长 1 名，副组长 1 名，组员由组长选派若干名，受审查部门设置对接负责人 1 名。

人员设置齐全后，要明确每个岗位的职责，一般是组长负责与对接负责人确定审计时间、分配审计任务、完成承担的审计任务。副组长则负责完成承担的审计任务并形成审查报告。内审小组组员负责完成承担的审查任务。对接人负责审查现场应答和资料准备，以及审查人员的食宿准备。

2. 审计准备

内审小组组长要统筹审计活动，负责协调本组成员时间，确保小组成员全员参加审计。内审小组在内审实施前应与受审查部门沟通确认审核时间，确认受审查部门陪同人员、是否需要提前准备接待，以及是否需要提前准备文件和记录等事项。

内审小组在审查前应仔细研究审核标准并制定审查记录，有目的地进行审查，并详细记录审查内容。在审查过程中出现任何不符合要求的情况，内审小组要与受审查部门沟通，并达成一致。

审查方法：座谈、现场检查、记录抽查。

3. 内审内容

审计内容广泛且事项多，经过科学总结，大致可以从五个方面入手，分别是法律法规的符合性、岗位人员业务知识的掌握程度、规章制度全面性、日常工作执行情况和人力资源效能。内审小组要按照事先制定的方案，对每个审计点提出若干评价。当然，内审小组不能“照本宣科”，而应当同时考虑到企业每年度工作重点的变化和根据迎审部门的不同，随时调整审查重点。

4. 内审要求

内审小组应在规定的审查时间内对相应部门实施审查。受审查部门应当积极配合，人力资源负责人要亲自组织迎检工作，并配合完成审查记录中所有项目审查。如有紧急情况导致部门负责人不能配合内审，需授权本部门人员代理部门负责人履行职责。

审查完成后，内审小组应在 5 个工作日内完成内审记录的汇总，将内审小组与受审查部门签字确认的审查记录交至员工关系管理委员会。

上一级人力资源部门负责跟踪内审进度，收集审查记录，并向受审查部门公示“内审结果”，对不符合内容进行描述，由受审查部门制订改善计划。

5. 审查流程

每个企业的情况各不相同，审查流程以及进度也各有不同。不过，企业审查流程基本上离不开以下几个步骤。

① 逐项审查：首先，要召开见面会，双方人员进行沟通，确定安排审查议程；其次，审查人员根据确认的审查清单进行实时审查；最后，召开审查结束总结会，对整体审查情况进行总结。

② 形成审查记录：审查结束后，应当将资料汇总，内审小组组长要整理审查记录，并在审查结束一周内将内审报告发往受审查部门查阅。

③ 督促改善计划：内审小组所发出的内审报告是受审查部门改善的依据，受审查部门应当认真研读报告，如无需改善可不制订改善计划，但若问题较多，则应按照规定制订改善计划，改善计划要同时得到受审查部门领导与内审小组的认可。

④ 实施改善：受审查部门应当认真对待改善计划，并贯彻执行，确保改善计划落地，并于改善完成后填写改善完成报告。

⑤ 复审：内审小组与受审查部门要商定复审时间，内审小组要对受审查部门复审并验收成果。复审结束后，内审小组要出具复审报告，并得到内审小组组长与受审查部门领导共同确认。

⑥ 总结汇报：内审小组就审计的综合情况，在相关会议上进行汇报，具体流程如图 7-8 所示。

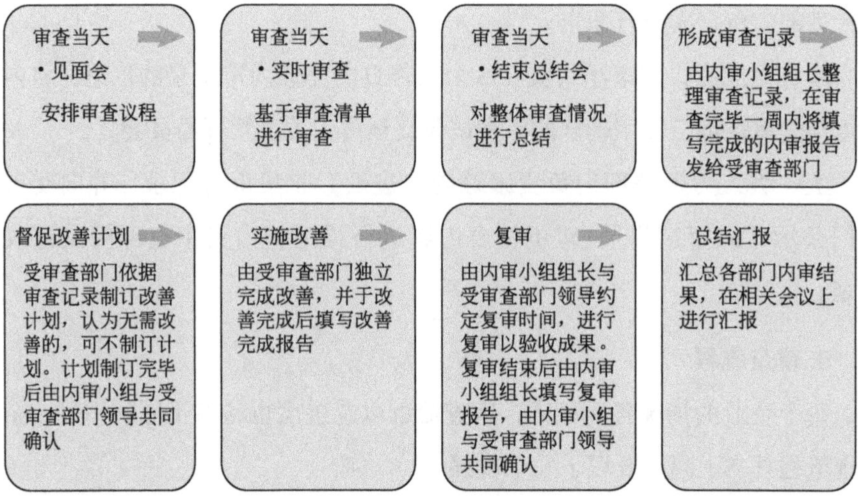

图 7–8　审查流程

人力资源内审工作是基于人力资源制度化的结果，其以制度为准绳来监督执行的情况，同时，这项工作需要人力资源管理者不断自省、追求卓越的精神来驱动。从人力资源战略对企业的支撑开始，我们一路走来，纵览了组织管理、人才引进和培养、人力资源制度化和员工关系的管理，铺开了人力资源广阔的工作画面；从人才盘点工具到人才供应链模式、企业培训中心的四个体系、绩效管理和薪酬福利体系，再到敬业效能模型，展示了人力资源管理中众多的工作方法，这些都会随着时间和技术的进步而不断发展和优化。人力资源管理工作的初心和使命将与企业发展连接在一起，不管人力资源会被改成什么名字，甚至被“分拆或被炸掉”，在企业发展中，人的要素都将持续存在，只要人力资源不断追求卓越就会持续走下去。

由于写作时间有限，本书到此就结束了，很多关于人力资源管理的方法和工具没有在书中完整展现，期待在未来的某个时间段，我们能再次开启旅程，把这次的遗憾补上。谢谢大家！

参 考 文 献

[1] 戚研. 精准招聘[M]. 苏州：古吴轩出版社，2019.

[2] 贺清君. 招聘管理从入门到精通[M]. 北京：清华大学出版社，2014.

[3] 李常仓，赵实. 人才盘点：创建人才驱动型组织[M]. 北京：机械工业出版社，2012.

[4] 周国祥，刘亚欧. 我国国有企业集团母子公司管控模式选择与公司治理结构设计[J]. 现代商业，2017（14）.